Des Plumes au Courant

Photo de couverture : Photonica / Stock Image.

Des Plumes au Courant

Préface de Marcel Jullian

Tahar Ben Jelloun
Frédéric Fajardie
Irène Frain
Olivier Frébourg
Marc Lambron
Amélie Nothomb
Yann Queffélec
Denis Tillinac
Chronique de
Yolaine de la Bigne

STOCK

Sommaire

Préface

Nouvelles

Chronique

Préface par Marcel Jullian

"Comment cela s'appelle-t-il, déjà,
quand le jour se lève comme aujourd'hui...?
Cela a un très beau nom, femme Narsès,
cela s'appelle l'aurore."

Jean GIRAUDOUX
(Électre)

"Que la lumière soit !
Et la lumière fut !"
Genèse 1, 3

Seul Dieu, pensait-on, est capable de ce genre de sortilèges majuscules. Un tour de passe-passe encore jamais vu et qu'on croyait impossible à reproduire – fût-ce dans un espace infiniment plus petit que le cosmos. La nuit absolue qui disparaît en un tournemain. Et le jour, éblouissant, qui se lève.

Entre toutes les découvertes faites par les hommes, l'électricité est, sans le moindre doute, celle qui l'apparente le plus sûrement aux dieux. Elle consiste à obéir à l'ordre impérieux du peintre Ingres à ses confrères : "Messieurs, mettez du blanc dans l'ombre !" "Tourner un commutateur, c'est donner le jour une seconde fois." Friedrich Wilhelm Joseph von Schelling, philosophe allemand du XIXe siècle voyait dans la lumière le principe éternel du monde. Pour en administrer la preuve, il remonte à la plus haute Antiquité. "Si Homère compare la vitesse du mouvement à l'intemporalité de la pensée qui franchit l'espace et parcourt les pays avec la rapidité d'un éclair, nous pouvons, nous, nous servir de cette image en comparant à l'intemporalité de la pensée, non celle du mouvement, mais celle de l'essence lumineuse. "

Le mot électricité n'est pas loin.

Lorsque Raoul Dufy reçoit commande de son immense tableau de soixante mètres de long sur dix mètres de large, destiné à l'Exposition universelle, il le baptise du nom qui, de droit, lui revient. Il lui donne pour titre : *La Fée Électricité*. C'est en faire une femme et la doter des pouvoirs de la magicienne. Mon ami et complice, le cinéaste Gérard Oury, grand amateur de Dufy, m'a raconté comment l'artiste avait reproduit sur sa toile, grâce à des personnages célèbres, le cheminement et la révélation de la lumière. Il est parti de Diogène pour en arriver à Faraday. Une guirlande de découvreurs. Pour les représenter, il fait appel à des modèles masculins qui posent nus afin que leur tournure soit solide et qu'il habille ensuite, avec son pinceau, à la mode de leur temps.

Le premier, c'est Diogène le Cynique, qui vivait en Grèce quelque trois ou quatre cents ans avant Jésus-Christ. Assis sur un tonneau, il buvait la lumière comme une gigantesque cigale méditerranéenne, à cette différence près qu'il demeurait silencieux. Sauf si on venait, malencontreusement, lui faire de l'ombre. Auquel cas, Diogène chassait l'intrus en lui criant : "Ote-toi de mon soleil !" Sur ce point, il se montrait intraitable. Ne prétend-on pas qu'il aurait répondu à Alexandre le Grand, qui s'étonnait de le voir déambuler en plein jour dans les rue d'Athènes, une lanterne allumée à la main : "Je cherche un homme" ?

Peut-on rêver meilleur intercesseur que ce Diogène entre le Dieu qui créa la lumière et l'homme qui inventa l'électricité ? Barbey d'Aurevilly, le "Connétable des Lettres", s'était forgé une opinion particulière sur le philosophe cynique. "Je suis persuadé, déclarait-il, que Diogène était, de nature, un homme d'esprit fort convenable, mais que le faubourg Saint-Germain de l'Athènes d'alors avait exaspéré."

Mais venons-en au chiffre 7. En Provence, terre de lumière s'il en fut, nous le considérions comme le symbole de nos aïeux "si sages, si sages". Sept ! comme les piliers de la Sagesse de Lawrence d'Arabie. Sept comme les péchés capitaux qui sont le côté ombre du destin humain, la *sombra*, de l'arène espagnole. Sept comme les jours de la semaine. Le dernier d'entre eux, selon la Bible, Dieu, en ayant fini avec la Création du Monde, goûta en paix aux délices du premier dimanche et contempla son œuvre qui l'entourait. C'était l'Éden, le jardin extraordinaire, la félicité, l'harmonie. C'était avant le péché originel. C'était le septième jour.

Sept Merveilles du monde : la pyramide d'Égypte, le phare d'Alexandrie – qu'on fait remonter de la mer – les Jardins de Babylone, le temple de Diane à Éphèse, le Mausolée, *Zeus* de Phidias et le Colosse de Rhodes.

Sept thèmes au cours desquels huit auteurs – vous verrez plus loin pourquoi – en toute

Jean Verspieren et Edouard Decoster. Ils reprennent l'entreprise en 1944 et conduisent Legrand sur la voie du succès et de l'international.

liberté d'esprit ont évoqué les sept activités proposées par Legrand, l'un des premiers fabricants mondiaux d'appareil électrique, sept activités relevant, chacune, de la lumière et de la Fée Électricité, autrement dit, l'harmonie.

"Harmonie, harmonie, écrit Musset, langue que pour l'amour inventa le génie."

Retenons le mot *inventa* car c'est bien de cela qu'il s'agira tout au long de cet ouvrage.

L'aventure a commencé vers les années 1860, dans le Limousin, pays d'enfance de Jean Giraudoux, né à Bellac. Sans doute était-ce par l'un de ces soirs de fin d'été, par ce que Fromentin appelait "l'irritante électricité des jours d'orage". Présage ? Vous verrez qu'au prix de curieux détours, l'électricité rode.

Ce soir-là, donc, s'installe à Limoges un atelier de porcelaine qui va se spécialiser dans les services de table. Quarante ans plus tard, en 1904, l'affaire passe à M. Legrand, qui devient la raison sociale. Commence alors la saga de Legrand.

La guerre éclate. Elle bouleverse beaucoup de choses. Les officiers supérieurs, lorsqu'ils ont été malheureux dans leurs initiatives sur le front, sont, de préférence, renvoyés à l'arrière – on appelle cela : *limoger*. Enfin, vient l'armistice.

Il apporte la lumière. Dans le monde, mais plus particulièrement à Limoges, chez M. Legrand, et par la voie inattendue de l'équipement électrique. La porcelaine, entre autres qualités, est un excellent isolant. Elle intervient dans les interrupteurs avec bouton rotatif (en buis, corne ou même ivoire), les coupe-circuit "tabatière" pour fils fusibles en plomb (les fameux "plombs" qu'il ne faut pas faire sauter), les bornes de raccordement, appelés "sucres ou dominos".

Avec la porcelaine dite "électrotechnique", tout change. Elle exige une fabrication très différente de celle utilisée pour la porcelaine de table, notamment en ce qui concerne le "pressage". Le pari est risqué, seuls les établissements Legrand s'y lancent. Un procédé nouveau, un métier qui conduit à créer des outillages spécifiques : des presses appelées "cages à écureuil" dont les premières vont être usinées, si l'on en croit la légende, dans des tronçons de rails de chemin de fer. De l'invention, de l'audace technique, du travail humain inhabituel... toutes choses qui, les premiers temps, laissent sceptiques les ouvriers porcelainiers.

N'importe. Entre une assiette artistiquement décorée, et un "domino" pour l'appareillage domestique, la cohabitation, tant bien que mal, s'installe. Elle durera jusqu'en 1949 où un incendie détruit presque entièrement l'usine. Reconstruite en quelques semaines, elle se consacre désormais exclusivement à la production électrique.

Elle s'apprête, étape après étape, à devenir l'une des plus grandes entreprises du monde dans sa spécialité. Elle est au service de la Fée Électricité.

Et les découvreurs !

Pour paraphraser le Giraudoux du Limousin dans *La Folle de Chaillot*, accueillons-les en cortège, nus, puis costumés par Raoul Dufy :

"Voici André-Marie Ampère, à qui l'on doit le télégraphe électrique, l'électrodynamique, l'inventeur du galvanomètre, voici la longue lignée des Becquerel, conduite par Antoine (celui de la pile) que suit Edmond son fils (celui des couples thermoélectriques), et son petit-fils, Henri (celui de la radioactivité). Voici l'Italien Alessandro Volta qui donna son nom à l'unité de force électromotrice. Voici l'Allemand Georg Simon Ohm, responsable de la loi fondamentale des courants électriques. Voici les Arago, superbes Catalans avec, à leur tête, François, le précurseur qui découvrit l'électromagnétisme. Voici les Anglais Henri Cavendish, fondateur de l'électrostatique moderne, et enfin Michael Faraday, le savant qui, le premier, prit conscience de la propriété magnétique des courants.

Séparément, ces hommes de recherche ont éveillé la Fée marraine, ils l'ont nommée Électricité et, comme d'un coup de baguette magique, ont créé ce monde dont rêvait Baudelaire "où l'action est la sœur du rêve" et "où les couleurs, les parfums et les sons se répondent". Ils ont capté la magie moderne et l'ont enfermée dans un fil électrique.

À l'autre extrémité du fil, c'est le miracle à portée de main. La Fée Électricité devient maîtresse du logis. Elle supplée à tout. Elle rend tout plus simple. Il suffit d'un geste ou d'un mot, la voici. Parfois même, elle fait mieux que d'exécuter vos ordres, elle précède vos désirs.

Le chiffre *7* – sept thèmes et huit auteurs.

L'idée est née de la nécessité d'un plus. L'électricité est ce qui est venu d'essentiel après que tout, apparemment, ait été créé. C'est le miracle dompté. Souvenez-vous, au lendemain de la Grande Guerre, l'électricité entre dans le magasin de porcelaine de Legrand. À la différence de l'éléphant, loin de tout mettre en pièce, elle met tout en lumière.

À la création du monde, la nuit et le jour semblaient à jamais séparés l'un de l'autre, comme les terres et les océans. Avec l'apparition de l'électricité, tout change : ce ne sont plus les dieux et le mouvement des astres qui règlent l'ombre et la clarté : ce sont les hommes.

Grâce à qui ?

À la Fée Électricité.

Huit auteurs. Un de plus. Une autre façon de décliner l'un des thèmes : celui du chauffage. Huit est le chiffre de l'équilibre cosmique, le nombre de la rose des vents, les côtés de l'octogone, ce carré qui s'applique à devenir un cercle. C'est aussi le chiffre du verbe – donc de l'écriture sans laquelle ce livre ne serait pas.

Allons plus loin, en compagnie de saint Augustin qui, mieux que quiconque, a distingué la Cité des Hommes de la Cité de Dieu. Selon lui, au-delà du septième jour de la création du monde, vient tout naturellement le huitième, qui, dit-il, "Consacre la vie des justes". Ainsi passe-t-on de l'Ancien au Nouveau Testament. Par un trait de lumière.

I. La lumière obéissante

Commandée à distance, elle répartit harmonieusement l'éclairage de la maison. Il suffit que vous marchiez pour que, devant vous, naisse la clarté.

II. La chaleur docile

D'un simple appel téléphonique, et de très loin, se chauffe le nid que vous vous apprêtez à rejoindre.

III. La domesticité invisible

Aux heures décidées par vous, sans faire le moindre bruit, les volets s'ouvrent, l'eau bout pour le café et la musique doucement ou plus fort vient vous réveiller.

IV. Un ange gardien inlassable

Que la température de la maison monte de façon inquiétante, qu'un gaz se répande ou que de l'eau jaillisse d'un raccord défectueux, aussitôt une sirène se déclenche sur place. Mieux encore, le téléphone vous alerte là où vous vous trouvez.

V. Un secrétaire zélé

L'instrument inventé par Sir Graham Bell répond soudain à votre seul caprice. Le téléphone n'est plus cet intrus, pourtant indispensable, qui vous sonne et auquel on obéit, il devient votre complice, votre protecteur. La Fée Électricité y veille.

VI. Un chevalier servant

Il met à votre disposition, grâce à un bloc intégré, le monde des loisirs technologiques, mais il sait aussi vous en protéger. Il met l'extérieur à votre portée immédiate, mais vous garde de son envahissement intempestif.

VII. Un univers d'harmonie

Sous forme d'un simple boîtier d'interrupteur, installé dans chaque pièce de la maison et qui la transforme, à votre gré, en poste de radio local. Lumières et sons, réglés à l'intensité désirée, créent entre eux des correspondances de rêve.

Sur son lit de mort, Goethe réclamait : *"Mehr Licht !"*

Toujours davantage d'Électricité!

Marcel Jullian
16 juin 1996

Nouvelles

Yann Queffélec

Né le 4 septembre 1949, Yann Queffélec s'est fait connaître du grand public en obtenant le prix Goncourt en 1985 pour son roman *Les Noces barbares*. Vendu à plus d'un million et demi d'exemplaires, traduit en vingt-cinq langues, adapté au cinéma par la Belge Marion Hansel, ce livre a valu à son auteur une notoriété immédiate.

Jusque-là, Yann Queffélec était l'auteur talentueux et respecté d'une biographie du compositeur hongrois Bela Bartok et d'un roman, *Le Charme noir*, paru en 1983 aux éditions Gallimard. Dès sept ans, il jure de consacrer sa vie à la littérature ; à douze ans, il boucle son premier roman. Après des études de lettres, ce Breton passionné de voile et de musique, fils du prolifique écrivain Henri Queffélec, se lance "naturellement" dans une carrière d'écrivain, avec un succès presque immédiat.

Après *Les Noces barbares*, Yann Queffélec acquiert le statut envié, et rare, d'un écrivain apprécié à la fois du grand public et de la critique. Ses livres figurent au programme du bac de français. En 1988, il publie *La Femme sous l'horizon* (Julliard) et obtient le prix Vogue Homme Roman et Cinéma. Suivent notamment, en 1990, *Le Maître des chimères* et, en 1992, *Prends garde au loup* (ces deux romans chez Julliard). Son dernier roman, *Disparue dans la nuit* (Grasset, 1995), ramène l'auteur vers un de ses thèmes favoris : le déchirement familial – thème qui était déjà au cœur des *Noces barbares*. Yann Queffélec, homme épanoui, amoureux de la vie, écrit des romans cruels comme l'enfance, blessés comme l'adolescence. Pour lui, le bonheur ne se formule pas. Le bonheur se vit. La littérature et le jeu des sentiments contrariés. L'auteur, attentif aux êtres et à leur identité, raconte des histoires dures, et révèle derrière ses personnages, même les moins attachants, l'humanité dont ils ne peuvent se départir.

"T'entends Zoé ? Il veut nous tuer. Nous geler. Ca fait deux nuits qu'il passe à démonter la chaudière à mazout. Pour qu'on n'ait pas de tentation cet hiver."

La nuit où Ben eut Chaud

P A R   Y A N N   Q U E F F É L E C

Quand on est arrivés le soir au pied des collines, il faisait encore jour. Papa nous a dit qu'on avait bien roulé. C'était chouette, on verrait la Baraque au coucher du soleil. Contente, Zoé ? Oui, papa. Ben, à l'arrière, a regardé par la lunette et il a dit que la vévé suivait toujours, mais que les pneus étaient à plat.

– La voiture est chargée, Ben, c'est tout.

– Maman a l'air crevé.

– Je sais, Ben. J'ai le rétroviseur.

– Oui mais plus pour longtemps.

Cinq minutes après mon frère a remis ça.

– La vévé, on va la vendre aussi ?

– Le quatre-quatre et la vévé. On repart sur de bonnes bases. Il faut savoir ce qu'on veut.

On s'est élevés dans les collines, et moi j'avais jamais vu de campagne aussi jolie, d'arbres aussi verts et de campanules aussi bleues sur le bord de la route où c'était plein de lapins, forcément, qui nous regardaient monter avec nos bagnoles poussiéreuses et chargées à bloc.

On a traversé un village et papa nous a dit :

– Le village. Il ne manque pas d'un certain cachet, tout fortifié... Mais dans village il y a ville, et dans ville...

– Il y a quoi dans ville ? a dit Ben avant qu'il ait pu finir sa phrase.

– Je t'en prie, Ben. Ne te crois pas obligé de faire le malin.

Cinq minutes après on était chez nous. Ça m'a fait un choc, cette jolie maison sur sa pente, avec ses tuiles brunes et ses murs vieil argent.

"Le lendemain, des paysans sont venus chercher les voitures. Elles étaient bourrées de tous les trucs dont papa disait qu'on n'en aurait plus besoin..."

– Papa, t'es le plus génial des papas !

Et Ben s'est écrasé tellement c'était beau. La vévé s'est garée comme nous, à l'entrée du pont de pierre. On est tous descendus. On ne disait plus un mot,des hirondelles volaient, ça sentait bon l'été. Maman a mis ses lunettes de soleil pour regarder la ferme et elle a croisé les bras. Sa jupe était toute froissée.

– Alors, Rob, l'endroit est-il bien tel que tu l'espérais ?

–Tu remarqueras, ma chérie, qu'il n'y a pas l'ombre d'un voisinage. La nature et rien que la nature. C'est un point essentiel. Le reste, dépend de vous. J'ai une confiance totale en vous.

– Ça me donne envie d'avoir un petit chien, j'ai dit comme ça. Il avait l'air si bien luné...

– Ne commence pas Zoé. Des chiens, tu n'avais que ça quand nous étions à ...

On a passé le pont et on est allés chez nous pour la première fois. Il y avait une immense cheminée dans la salle en bas. Ben et moi on a eu la chambre à côté qui donnait sur la rivière. On entendait l'eau frétiller sur les cailloux, on voyait les collines onduler jusqu'à l'horizon. Après cinq minutes, Ben est parti regarder la télé dans la cuisine en mangeant des olives.

– Profites-en bien, Ben. Demain, la télé : couic. La lumière électrique : couic...

Et papa, du pouce, a fait le geste de se trancher la gorge.

On a dîné dehors et dit plein de bêtises, et je ne sais plus tout ce qu'il a raconté, papa, mais c'est à moi qu'il parlait, tu m'entends Zoé, tu m'entends? Le soleil ne voulait pas se coucher, moi non plus.

J'ai tournicoté dans ma chambre en attendant mon frère et je suis ressortie par la fenêtre. J'ai grimpé en haut du noyer près du pont. De là je voyais la Baraque et je voyais papa décharger les autos en parlant tout seul. La lumière était comme avant les orages et les bêtes me chatouillaient, j'avais chaud. J'ai pas aimé quand il a fait noir dans les branches et que l'ombre de la Baraque est apparue sous les étoiles. Il y avait un bruit mais c'était pas la rivière. C'était maman qui pleurait.

Le lendemain, des paysans sont venus chercher les voitures. Elles étaient bourrées de tous les trucs dont papa disait qu'on n'en aurait plus besoin : la télé, le séchoir de maman, la machine à laver, la machine à café, l'épilateur, la radio laissée par les anciens propriétaires et les lampes de mauvais goût qui nous avaient bien fait rigoler, la veille, en arrivant. Commodités superflues, Zoé, mort de la famille, abrutissement des individus. Regarde un peu cette époque de dégénérés. Il est joli, leur progrès. Dieu sait qu'ils l'ont voulu. Qu'ils ont plastronné. Méprisé les vieux jeux. Elle a bonne mine, la tribu des hommes. À partir de maintenant, chez nous, c'est braise et bougie. Si l'on ne veut pas un jour se haïr les uns les autres, nous qui nous aimons tant, il est urgent de se serrer les coudes autour du feu, Zoé, d'un vrai feu.

Papa n'a pas fait entrer les paysans dans la maison. Il n'a pas voulu qu'on s'approche d'eux. Les voitures ont passé le pont et on ne les a plus vues.

– Fait schmir ! a dit Ben de la terrasse en voyant les autos s'éloigner. Je m'en fous, j'ai planqué mon baladeur !

Quand papa est revenu, il avait un fusil dans les bras. Il avait l'air très content de lui.

– Deux autos contre un fusil, c'est ça, le troc ! Et bizarrement c'est moi qui suis gagnant.

– Le fusil, c'est pour quoi faire ?

– À ton avis, Ben?

Il nous a regardés l'un après l'autre.

– Vous en faites, une tête ! Deux moteurs en moins, des gadgets et quelques ampoules périmées, et ça bondasse! Le sacrifice n'est pas lourd, croyez-moi. Le genre humain s'est passé d'électricité durant des milliers d'années. Il trouvait son équilibre mental, visuel et métaphysique entre lune et soleil. La lumière était le fruit des saisons comme le pain celui du travail, comme…

– La barbe ! a marmonné Ben.

– Comment, Ben ?

– T'as l'air d'un prophète, papa. Laisse-toi pousser la barbe ! ! !

Papa l'a regardé par-dessus les montures de ses lunettes.

– Pauvre type ! il a dit avec tristesse. Tu trouveras des râteaux sous la maison, dans la resserre, avec les bicyclettes. Va donc aider ta mère à curer le lavoir. Et je te conseille d'avoir des ampoules aux mains quand on reviendra, ta sœur et moi.

"Le genre humain s'est passé d'électricité durant des milliers d'années. Il trouvait son équilibre mental, visuel et métaphysique entre lune et soleil. La lumière était le fruit des saisons comme le pain celui du travail, comme…"

"Profites-en bien, Ben. Demain la télé : couic. La lumière électrique : couic..."

– Je croyais que les ampoules...

– Une gifle ! C'est ça que tu veux ?

On a laissé Ben. On est allés derrière la maison sur la colline. On marchait sur des bouses ratatinées. Il y avait beaucoup d'enclos et des poils de chèvre s'accrochaient aux barbelés rouillés. Papa les prenait et les respirait. Une merveille, Zoé. La divine sensualité d'un monde au naturel. Les choses n'étaient pas en si mauvais état qu'il le craignait. Le notaire avait noirci le tableau. On allait profiter des longs jours d'été pour tendre un nouveau grillage et redresser les pieux. Dès septembre on aurait des bêtes, on écouterait bêler les brebis des temps originels. On se croirait au mont Sinaï. On retrouverait la raison, l'harmonie perdue.

Je me suis retournée. De là-haut, j'ai vu la Baraque au soleil et, plus bas, j'ai vu Ben taper la surface du lavoir à coups de râteau. On aurait dit qu'il tenait une hache.

Jusqu'en octobre, à part que ça ne s'arrangeait pas entre Ben et papa, c'était bien chez nous. Le matin on travaillait pour les parents, enfin pour la ferme. On débarrassait les gravats, on tondait, on creusait des rigoles, on bouchait les trous dans les murs, on faisait la chasse aux scorpions, et l'après-midi c'était cool. On se baignait dans la rivière, on attrapait des écrevisses, on lézardait jusqu'à la nuit. On avait notre carriole à nous, Ben et moi. On avait Basile, notre âne, et les parents nous laissaient nous balader comme on voulait, à condition qu'on n'aille pas au village. C'était Ben le chef. Normal, il avait douze ans. Dans la campagne, on ne rencontrait personne à part une Mobylette de temps en temps. On ramassait des champignons, des cerises, des mûres. On écrasait les serpents endormis. Quand Ben tuait un serpent, c'est pas compliqué, c'était toujours une vipère et je n'avais rien à dire. On entrait dans les fermes, on buvait du lait sous les feuilles de vigne. Et moi j'expliquais aux gens qu'on était venus s'installer dans la plus belle région du monde avec nos parents, et qu'autrefois on vivait comme des ploucs à Paris. Pas tout à fait comme des ploucs, vous savez, mais, papa il en avait marre de gagner son argent si facilement et il voulait essayer autre chose, il en avait tellement gagné. Il en avait tellement soupé de tous ces milieux artificiels où, dès qu'il faisait un petit film sur un nouveau produit : un truc à manger, pour mincir, à boire, un tampon hygiénique, n'importe quoi, il était la star. La pub, il n'en pouvait plus quand il a tout vendu, c'est pour ça qu'il a fait sa dépression. C'est pour ça qu'on est là maintenant et qu'on est comme vous, des paysans dans une ferme, avec des animaux. On ne peut pas imaginer une plus belle vie pour des enfants. Le progrès, ça tue la famille, c'est bien connu. Une famille, c'est un foyer. Plus de foyer : plus de famille. C'est ce qu'il a dit à maman quand elle a voulu divorcer. Il a dit qu'on allait revivre comme au début, comme dans la Bible, et qu'on serait les plus heureux... Les gens, ils étaient contents qu'on soit là chez eux. Des gens très vieux. Je ne suis pas sûre qu'ils aient bien compris ce que je leur racontais, mais ils avaient l'air d'écouter. Moi, dès qu'on sourit, je craque.

– Le plus dur, ça a été mes copines. À huit ans, c'est pas facile de dire au revoir à ses copines. J'ai juré à papa de ne pas leur écrire avant un an pour ne pas être influencée. Lui il m'a juré que je n'y penserais même plus dans un an, preuve que mes copines, dans le fond, je n'y suis pas attachée.

– N'importe quoi ! C'est pas sa faute si son père est fou, c'est le mien, aussi, mais moi je ne m'en vante pas.

– Ça va, Ben.

– Pas fou : complètement givré. Faut le piquer, ce mec. Ça peut pas durer. Il y a une seringue à moutons dans la resserre. Si tu veux je m'en occupe.

– T'es pas marrant, Ben.

Les gens regardaient mon frère, et ils avaient l'air de le trouver drôlement sympathique et dégourdi pour son âge. Encore un peu de lait pour le jeune homme.

– Il croit quoi ? Qu'on va passer l'hiver à se geler dans cette baraque qui fuit de partout ? Hé, Zoé, tu sais le froid qu'il fait, l'hiver, dans la région ?

Moi, pas dégonflée, je questionnais :

– Madame, il fait froid l'hiver par ici ?

– Oh oui, qu'il fait froid. Et pire sur le plateau avec le vent. L'hiver c'est l'hiver. Et puis il neige et la rivière est gelée. Faut bien se couvrir, et bien manger.

Et Ben :

– T'entends Zoé ? Il veut nous tuer. Nous geler. Ça fait deux nuits qu'il passe à démonter la chaudière à mazout. Pour qu'on n'ait pas de tentation, cet hiver.

– Eh bien, tant mieux ! On fera du feu. Papa il a coupé des tonnes de bois et il a ramoné la cheminée tout seul. T'avais qu'à l'aider. Il s'est fait saigner les mains pour que Monsieur Benoît n'ait pas besoin de boire son chocolat avec des moufles et une cagoule.

– Arrête avec ton Monsieur Benoît ! ou je te fais manger tes nattes. T'entends mademoiselle Zoé-qui-louche ?

Ce jour-là, on s'est disputés Ben et moi. Il y a eu un orage sur le chemin du retour et Basile a eu peur. Ben a pris la cravache et il a tapé sur l'âne qui n'avait pas besoin de ça pour débouler. Inutile de dire qu'on n'est pas rentrés chez nous. On a continué sans le vouloir. La carriole s'est retournée à l'entrée du village et les gens sont venus nous ramasser, étonnés qu'on ne soit pas plus morts que ça. J'ai vu le canon d'un fusil tout noir sous la pluie et quelqu'un a tiré sur la tête de Basile qui gesticulait entre les brancards.

– Pour la peine, a dit papa, vous n'aurez plus d'âne. Vous irez à pied. Et comme ça je serai bien sûr de ne pas vous retrouver au village, avec cet imbécile de Ben qui joue au flipper et ma Zoé l'oreille collée au juke-box.

–Fait schmir ! J'aime pas chialer quand il pleut.

– Zoé, tu dors ?

– Quoi ?

– J'ai froid. T'as pas froid ?

– T'as qu'à mettre un pull.

– Ça me gratte.

– Va prendre un bain de chaleur à la salle des hôtes.

– Je l'emmerde, la salle des hôtes ! Je ne veux pas me geler dans mon lit. Écoute bien, Zoé. T'entends maman qui tousse ? Elle ne va pas lui dire, à ce malade mental, qu'on n'est pas des saumons ? Fait schmir ! T'as pas froid, toi ?

– Je pense à des trucs et ça me fait dormir. Je pense aux Esquimaux sur la banquise avec leurs igloos...

– Tu parles d'une bouillotte !...

– Chacun son truc.

Si vous avez froid la nuit, ce n'est pas sorcier, a dit papa. Vous vous levez sans réveiller votre chère maman. Vous allez prendre un bain de chaleur devant la cheminée. Vous retournez vite vous coucher.

C'est pas sorcier, non. Mais moi, j'ai peur des sorcières. Et Ben aussi !

– Zoé, c'est quoi, ce drôle de bruit ?

– Tu le fais exprès, Ben, pour me faire peur.

– Je te jure que non, Zoé. Mes dents claquent toutes seules, on dirait un squelette et ça me fout les jetons. Je ne suis pas un squelette, Zoé.

Et comme ça toute la nuit. Finalement, pour se réchauffer, il a dit du mal de papa : cette espèce de salaud qui fait pleurer maman. On était qu'au mois de novembre et déjà c'était l'asile, ici, un asile à zéro degré. Maman nous fait la classe avec une tête de six pieds de long, Zoé, elle va craquer, c'est pas humain. On ne sait plus quoi se dire pendant les repas. On ne voit jamais personne chez nous, même le facteur il ne veut pas entrer, d'ailleurs il n'y a pas de courrier.

– Ça va, Ben. Laisse-moi dormir.

– Les bêtes, les poulets, on ne les a jamais vus. Soi-disant ce sera mieux le printemps prochain. Mais il n'y aura jamais de printemps prochain, ou alors sans nous, Zoé. On sera morts de froid depuis longtemps.

Soudain il a baissé la voix, ça m'a fait trembler dans le noir.

– Et tu sais pas, Zoé ? J'ai découvert un truc dément. Si je te le dis, faut me jurer de ne pas le répéter. Papa...

Alors j'ai bouché mes oreilles et j'ai fredonné pour ne plus entendre Ben, et j'ai regardé sur les carreaux les petites croix dorées dessinées par les étoiles.

C'est le lendemain matin qu'entre les parents et nous ça n'a plus été. Maman je ne lui en veux pas. Elle prend toujours la défense de papa, c'est normal. Elle a peur qu'il fasse une rechute ou qu'il ne prenne plus ses médicaments. C'est vrai qu'il a déjà menacé d'arrêter. Mais moi, pourquoi il m'a menti ? Pourquoi il m'a dit qu'il avait besoin de moi pour réussir sa nouvelle vie, que ce serait dur les premiers temps, mais ensuite on serait les plus heureux, les plus unis. Les doigts d'une jolie main comme ta menotte, Zoé.

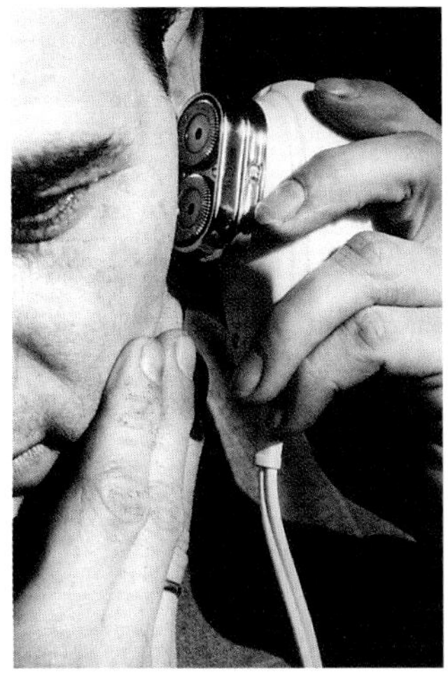
"Le bruit d'un rasoir électrique."

Quand Ben est arrivé à la buanderie, j'étendais la lessive sur le fil. J'ai poussé un cri. Il était tout pâle avec la bouche en sang.

– C'est lui, Zoé, je t'avais prévenue.

Il tremblait des pieds à la tête. Il me regardait comme s'il me plaignait de tout son cœur. Tout à l'heure, comme il avait des soupçons depuis plusieurs jours, il était entré dans la salle de bains des parents. Il avait trouvé papa devant la glace.

– J'ai cru qu'il allait m'étriper, Zoé. "Veux-tu sortir immédiatement, Ben. Qui t'a permis ? J'ai entendu un bruit… Quel bruit ? J'ai rêvé papa. Le bruit d'un rasoir électrique. Ben je te prie de sortir…" Il avait planqué son rasoir sous une serviette, mais je voyais pendre le fil noir, Zoé, je voyais la fiche enfoncée dans la prise. "T'as rêvé, Ben. Faut te faire soigner, mon garçon. Maintenant sors d'ici. "J'ai regardé la serviette. "Il marche à quoi ton rasoir papa ? au charbon? "Il m'a giflé, Zoé, c'était dégoûtant. Il a une petite main comme les singes avec les doigts tout secs, ça fait horriblement mal.

– Mais tu as la lèvre éclatée, Ben!

– Je l'ai traité de menteur, il n'a pas apprécié. Il m'a dérouillé. Après j'ai fait mon enquête et j'ai fini par trouver le compteur électrique, derrière un mur de vieilles bouteilles, à la cave. Il faut monter sur l'escabeau pour le voir. Et pour voir tourner le disque à l'intérieur.

Dans la nuit le silence m'a réveillée. J'étais bien. J'ai vu des filaments rouges dans l'obscurité, juste au-dessus du sol. Je me suis levée. Il n'y avait pas un bruit. C'était chaud sous les pieds. Ben était assis par terre comme un Indien. Il regardait les filaments rouges.

– Je ne te conseille pas d'en parler, Zoé.

– C'est quoi ?

– Un chauffage d'appoint. Il était au grenier. Il n'est pas tout jeune, mais il a la pêche. C'est notre secret maintenant.

Je me suis assise à mon tour comme une Indienne et Ben et moi on a parlé toute la nuit. Plus tard, Ben, il sera cosmonaute. Il dit qu'il y a d'autres gens sur les étoiles et qu'il sera le premier à les voir. Moi, plus tard, je ne sais pas. Indienne, c'est mieux que Esquimaude, mais c'est pas un métier.

Quand j'ai rouvert les yeux le jour se levait. J'ai vite caché le radiateur sous mon lit. Maman est entrée. On était encore assis par terre et elle a dit :

– Rob, viens voir un peu tes enfants. On dirait des revenants. Si je n'étais pas leur mère, Rob, ils me feraient peur.

Papa n'a pas mis une semaine à trouver le radiateur sous mon lit. Il est arrivé dans la chambre et il a dit : Il y a une drôle d'odeur, chez vous, depuis quelque temps. Qu'en penses-tu Zoé ? Il a fouillé partout. Il a pris le chauffage et m'a dit que j'étais la plus décevante de toutes les petites filles du monde, et qu'il n'avait même pas le courage d'imaginer une punition. Ben a dit que je n'y étais pour rien, que c'était sa faute à lui. Papa l'a regardé comme s'il mesurait vingt centimètres au maximum alors qu'ils ont exactement la même taille, et que papa se voûte depuis sa maladie.

– Mon fils ne m'aurait pas trahi, Monsieur Benoît, non non. Mon fils est bien trop lâche pour ça. D'ailleurs ça ne m'intéresse pas d'être trahi par vous. Dans le fond, vous êtes bien comme vos pareils. Vous ne savez pas ce que vous voulez.

Ensuite on est allés voir le radiateur brûler dans l'âtre, c'est le mot qu'a dit papa. Rien ne vaut un bon feu, Ben, pour se rafraîchir la mémoire. Alors, ce radiateur, c'est ta sœur ?

– C'est moi.

– Un trouillard pareil !... Trouillard et menteur. Pour la peine, Monsieur Benoît, vous n'accompagnerez plus votre mère au marché jusqu'à nouvel ordre. Vous serez consigné à la Baraque.

De rage il est parti se coucher toute la journée.

Et Ben, de rage, il a fracassé le compteur électrique à coups de marteau.

Dans la vie, il y a toujours un moment où juste après c'est plus comme avant et on ne peut pas revenir en arrière, et c'est même pas sûr qu'on en a envie. Cette nuit-là, quand j'ai vu les ombres bouger sur le mur, j'ai bien compris que ce n'était pas normal mais je n'ai rien fait pour les chasser. Je les ai regardées entre mes paupières et je leur ai parlé dans mon rêve. J'avais l'impression qu'elles m'obéissaient. Et pourtant, je ne serais capable de raconter mon rêve à personne. Dans la vie, quand on est un enfant, faut pas croire, on s'en rend compte, mais c'est quand même la vie, c'est pas un jouet, ça fait très mal et l'on ne pense pas toujours à pousser des cris.

Au bout d'un moment j'ai eu trop chaud. J'ai repoussé les couvertures et j'ai vu Ben en pyjama devant ce feu qui montait jusqu'au plafond.

– Ben !

– Quoi Zoé ? Je me rafraîchis la mémoire. Je me serre les coudes.

Des livres brûlaient, des cageots, la chaise longue en osier où maman tricotait devant la cheminée. Et Ben, ce qu'il jetait dans le feu, l'une après l'autre, c'était les pipes de papa. Je n'arrivais plus à dire un mot.

– Sors de ton lit, Zoé. Habille-toi en vitesse.

"Un chauffage d'appoint.
Il était au grenier.
Il n'est pas tout jeune,
mais il a la pêche.
C'est notre secret
maintenant."

"Il croit quoi ? Qu'on va passer tout l'hiver à se geler dans cette baraque qui fuit de partout ? Hé, Zoé, tu sais le froid qu'il fait l'hiver dans la région ?"

Thermostat, Legrand, modèle Sagane Beluga.

Denis Tillinac

Né en 1947 à Paris, Denis Tillinac s'impose comme l'un des personnages les plus en vue de la scène littéraire française. Éditeur, écrivain, "intellectuel engagé", journaliste : Denis Tillinac est tout cela à la fois, sans contradictions apparentes entre les différentes facettes de son personnage.

Éditeur, Denis Tillinac est aujourd'hui président-directeur général des Éditions de la Table ronde.

Écrivain, il a publié de nombreux romans et essais, et obtenu de nombreux prix littéraires dont les titres disent bien à quelle famille d'auteurs français Denis Tillinac appartient : Prix Libre en 1982 pour *Le Bonheur à Souillac*, prix Roger-Nimier 1983 pour *L'Été anglais*, prix Kléber-Haedens 1987 pour *Maisons de famille*, prix Jacques-Chardonne 1990 pour *La Corrèze et le Zambèze*. (Ces ouvrages ont tous été publiés chez Robert Laffont.) Prix Populiste et prix de la Littérature sportive 1992 pour *Rugby Blues* (La Table ronde).

Denis Tillinac est un écrivain corrézien. Il a consacré un grand nombre d'ouvrages et d'articles à sa terre d'origine. Cet enracinement n'interdit nullement à l'auteur de s'intéresser à d'autres horizons. Ainsi, son dernier ouvrage paru, *Elvis, balade sudiste* (La Table ronde, 1996), a pour théâtre le sud des États-Unis. Il a également écrit des scénarios pour la télévision et collaboré à différents journaux.

Compatriote et ami de Jacques Chirac, Denis Tillinac est, depuis juin 1995, représentant personnel du président de la République pour la francophonie. Son nouveau livre, *Dernier verre au Danton*, paru en septembre 1996, retrace les années 1990-1995. Années au cours desquelles il a dirigé sa maison d'édition, puis participé activement à l'élection présidentielle, tout en continuant à satisfaire son amour du voyage.

"Ma carte à puce était épuisée."

Autoroute A71

PAR DENIS TILLINAC

Le temps est réversible et j'en ai la preuve : un coup de fil a inversé le cours de mon existence. Hier j'étais encore l'épouse d'un certain Alain Dubois, j'habitais Paris et j'abordais sans appétence aux mornes rivages de la cinquantaine. Ce matin j'écris dans la maison de Pierre Aubrac, en regardant frémir au vent les feuilles d'un cerisier. Je vois aussi des vaches rousses dans un pré qui jadis appartenait à ma famille et sur l'horizon des crêtes enveloppées de brume. C'est un retour de jeunesse miraculeux, j'ai l'âge de mes premiers abandons dans les bras de Pierre, sur un lit de pâquerettes, avec des châtaigniers en guise de baldaquin.

Hier matin le ciel de Paris était bas, j'avais des vagues à l'âme – ou plutôt des vaguelettes qui s'échouaient sur le sable gris d'une vie sans intérêt. Alain se rasait dans la salle de bains en écoutant la radio. Il avait un petit déjeuner de travail à Matignon, puis une pléthore d'assemblées générales. C'est un personnage considérable, il règne sur trente mille salariés, son groupe est coté en Bourse et on parle de lui comme ministre de l'Industrie au prochain remaniement. On le présume "honnête" ; ça veut seulement dire qu'il respecte les apparences de la légalité. Il respecte toutes les apparences.

J'avais pris mon premier café dans la cuisine, en face de lui mais sans échanger une parole. Nous n'avions pas grand-chose à nous dire. Le soir même nous devions partir pour Saint-Barth où nous retrouverions diverses sommités sur le yacht de Marluwe, le numéro un mondial de la communication. J'étais résignée à faire brunir mon ventre sur un pont en écoutant ces faux chevaliers de l'économie gloser sur leurs trocs de filiales. La résignation

"J'ai tout de suite reconnu la voix chaude et narquoise de Pierre Aubrac.
– Tu es seule ?
– Non, ai-je répondu à voix très basse. Rappelle-moi dans vingt minutes."

était devenue mon mode d'existence. Je n'aime ni la mer, ni les bateaux, ni l'économie, ni Alain Dubois, mais je tenais le rôle d'épouse depuis vingt-cinq ans, ça pouvait aussi bien durer vingt-cinq ans de plus.

Je m'étais recouchée pour rêver. Depuis vingt-cinq ans je rêvais d'être ailleurs avec quelqu'un d'autre et de mener une autre vie. Le téléphone a sonné. J'ai vite décroché l'appareil sans fil, ce pouvait être Léo, il appelait souvent avant de partir à son bureau. Leo est éditeur sur la place Saint-Sulpice et campe dans un loft au carrefour de Buci. Je n'aime de Paris que le Quartier latin et nos fredaines sous poutres apparentes rémunéraient une fiction de bohème estudiantine. Léo me parlait d'*Amiel*, il ne portait jamais de cravate et m'emmenait dîner dans des bistrots de la rue Mabillon hantés par des intellos : voilà tout le piment de cette parenthèse adultérine qui ne m'empêchait pas de dormir. Ni de rêver. Avant, j'ai eu comme amants un pilier du Racing, un peintre haïtien en exil, un commanditaire en huîtres de Rungis – des types qui me sortaient un peu de l'univers d'Alain.

J'ai tout de suite reconnu la voix chaude et narquoise de Pierre Aubrac.

– Tu es seule ?

– Non, ai-je répondu à voix très basse. Rappelle-moi dans vingt minutes.

J'ai raccroché en hâte, Alain entrait déjà dans la chambre.

– Qui était-ce ?

– Rien. Marlène avait envie de bavarder, je lui ai dit que j'avais sommeil.

Il a froncé les sourcils. Alain n'est amoureux que de son ego mais sa jalousie n'a jamais désarmé : j'étais sa femme et les hommes de sa sorte ne transigent pas sur leurs titres de propriété. Lui est-il arrivé de deviner, ou de soupçonner à quel point je m'ennuyais avec lui ? Ces petits-maîtres sont portés à croire que leurs épouses ou leurs maîtresses sont heureuses, au motif qu'ils les couvrent d'or. Ils se trompent, elles les trompent. Mais leur fatuité les aveugle.

J'avais peur que Pierre rappelle avant qu'Alain n'ait décampé. Je me suis levée, j'ai regardé par la fenêtre. Sa Safrane l'attendait en double file. "Dégage, pauvre con", ai-je murmuré en mon for. Il m'inspirait parfois des bouffées d'aversion, je regardais de biais ses tempes coloriées, son bronzage aux UV, son cou de volatile étranglé par un col anglais, et je trouvais qu'Alain Dubois ne méritait pas de vivre. Puis le mépris se retournait contre moi, je n'étais qu'une pute de luxe déguisée en épouse de président.

Puis j'oubliais ce faux couple parisianiste et je recommençais à rêver d'une Hélène Flaygnac – c'est mon nom de baptême – qui aurait vécu d'amour et d'eau fraîche à Aubignac, le village dont ma famille est originaire.

Enfin j'ai vu la Safrane remonter l'avenue Mozart – et dès lors, chaque instant a duré des siècles. Pierre Aubrac m'appelait rarement et n'était pas disert. Je le voyais à peine deux fois par an et pourtant c'était l'homme de ma vie.

Attendre un coup de téléphone est la pire des tortures. Surtout lorsque la sonnerie ayant retenti, accélérant le rythme cardiaque, on n'a au bout du fil qu'un importun. Première sonnerie. Alain m'appelait de sa voiture pour me demander de m'occuper de l'installation du système d'alarme électronique de notre villa de Deauville. Enfin, de sa villa. Elle a coûté très cher, il a toujours peur d'un cambriolage. J'ai promis. J'aurais promis la lune pour ne plus entendre cette voix métallique. Du reste, on appelait sur l'autre ligne. C'était Marlène, l'épouse du secrétaire d'Etat aux assurances, le cocu le plus irrémédiable du gouvernement. Marlène voulait me raconter sa première nuit avec son nouvel amant. Elle peut palabrer des heures au téléphone. Heureusement Alain a raccroché, libérant la première ligne, et quand j'ai entendu le déclic j'ai appuyé sur la touche adéquate. Je crois que j'ai oublié Marlène mais ça n'a aucune importance, je ne la reverrai jamais, ce n'était qu'une "amie" à la sauce parisienne.

Pierre m'appelait de sa maison d'Aubignac d'où l'on aperçoit le toit en lauzes de la nôtre. Ou plutôt de la maison qui fut la nôtre avant la mort de mes parents et de mon frère. Pierre Aubrac... À six ans j'étais déjà amoureuse de lui. À seize nous allions nous cacher au bord de la Soulanne, en contrebas de la route de Mauriac, et ses mains dessinaient sur mon corps presque nu toutes sortes d'arabesques. Nous avions très peur de commettre l'irréparable. Nous l'avons commis à dix-huit ans, dans une clairière proche de l'étang – et ce soir-là j'ai cru que mon sort était scellé : nous allions convoler, procréer, et consommer à Aubignac des grandes vacances sempiternelles.

Ma rentrée scolaire sonna le glas de mes grandes espérances. Pierre s'en alla à Carpentras où vivaient ses parents. C'était l'année du second bac. Il a commencé Sciences Po à Aix et cessa de venir passer les étés à Aubignac. Il était en Afrique. J'ai cru qu'il m'avait oubliée. J'ai fait des lettres en Sorbonne pour tuer le temps. L'année de mon DEA j'ai pris un amant pour oublier Pierre. J'ai oublié le nom de cet étudiant, il était un peu gauchiste sur les bords et ses parents possédaient une villa à Ramatuelle. C'est à Saint-Tropez que j'ai rencontré Alain, deux mois après cet accident d'avion qui a cassé ma vie. Plus rien n'avait d'importance. Pierre était venu aux obsèques mais il avait dû repartir le jour même, en Afrique selon toute vraisemblance, il m'envoyait parfois une carte postale de Conakry ou de Libreville. "Je pense à toi." Rien d'autre.

Alain m'a raconté qu'il ambitionnait un destin d'"aventurier moderne". Il n'avait pas le physique de l'emploi mais ce mot "aventurier" m'a donné à rêver, en toute méconnaissance de cause : il ne s'agissait dans son esprit que d'une aventure économique. Autant dire : rien de fabuleux. Alain désirait vulgairement être riche et reconnu pour éponger l'ardoise d'une enfance dans un pavillon en meulière de Champigny-sur-Marne. Son père poinçonnait des tickets pour le compte de la SNCF, sa mère tapait à la machine dans un bureau d'une Caisse primaire : substrat banal d'une ambition ordinaire.

Nous étions déjà mariés quand Pierre a ressurgi dans ma vie. La sienne était nimbée de mystère, il n'exerçait pas de métier avouable. On laissait entendre à Aubignac qu'il était espion. À la solde de quels services ? Je n'ai jamais osé le lui demander, il n'aime pas parler de lui. Son père était mort, sa mère habitait toujours Carpentras. Notre maison avait été vendue, celle des Aubrac n'ouvrait ses volets que le jour de la Toussaint. L'été je suivais Alain à Deauville. Je l'aurais plaqué sur-le-champ si Pierre m'avait demandé de le suivre. Il se bornait à m'appeler tous les six mois, de Dakar ou de Nouakchott. "Tu es libre ce soir ?"

J'étais toujours libre pour lui. Je le retrouvais dans son hôtel qui n'était jamais le même, nous allions dîner dans l'île Saint-Louis où s'est écoulée mon enfance. Son verbe enfantait les monts et les merveilles de nos vacances au village. Il me parlait aussi de sierras, de jungles et de déserts, son monde était romanesque. Mais inaccessible. Après quoi nous allions nous ébattre dans sa chambre d'hôtel, chastement : Pierre reprenait possession de moi avec des pudeurs infinies qui contredisaient la brutalité de son caractère.

Il repartait toujours le lendemain, Dieu savait où et pourquoi. "Emmène-moi", implorais-je au début. Il ne voulait pas. Ou il ne pouvait pas. Le temps m'a filé entre les doigts. J'ai eu deux enfants et pas mal d'amants. Les enfants sont d'Alain Dubois, je sais faire la part des choses.

– Pierre, je t'aime.

– C'est la moindre des choses. Viens !

– Où ça ?

– À Aubignac. Arrive avant la nuit, on ira marcher.

– Combien de temps tu me laisses pour me décider ?

– Une minute. Rappelle-moi.

Il m'a donné le numéro et il a raccroché. Une minute, c'est court. Mais j'avais déjà décidé. Je voyais se profiler un clocher entre des arbres, un portail rouillé, une tonnelle de glycine. Je voyais Pierre sur le seuil de sa maison, à tous les âges de notre enfance. J'ai composé le numéro que je venais de noter, qui m'en rappelait un autre, peut-être le même, je ne sais pas s'ils ont changé là-haut.

– J'arrive. Ce sera pour combien de temps ?

– Toute la vie.

– Quoi ?

– On va vivre à Aubignac. Mais tu auras le droit d'aller faire tes courses à Mauriac. Dépêche-toi…

Il a raccroché sans entendre le "Pierre, je t'aime" que j'ai hurlé. J'ai continué de le hurler pour mon plaisir en m'habillant. Jean et tee-shirt, il n'aimait pas mes tailleurs de bourgeoise. Il m'aime au naturel. J'ai rempli deux valises de vêtements, j'ai pris la photo de mes parents, celle de mon frère, celle de mes enfants en bas âge. Aucun objet dit personnel ne valait d'être emporté. Rien n'était personnel dans cet appartement trop clair et net pour être humain. D'une pichenette j'ai mis à terre la photo d'Alain en smoking au côté du président de la République, c'était une manière de verdict sur vingt-cinq années sans saveur, sans vrai

"Au péage de Saint-Arnoult une panique m'a serré la gorge : Pierre avait peut-être changé d'avis. Vite, une cabine."

je quittais son père. Elle n'a pas paru autrement surprise : "C'est pour un mec ?" J'ai répondu oui, faute de mieux. Pierre n'est pas un "mec", mais comment expliquer cette nuance à Clotilde, surtout avec ce temps de latence entre deux échanges qui me déroute toujours. "Sois heureuse." Je ne pouvais que la remercier. Ma fille est positive, elle prend les hommes quand ça lui chante et les largue sans préavis.

Charles est plus vulnérable. J'ai voulu l'appeler aussi, mais il était dans le bureau du préfet. Il doit s'ennuyer à Mézières. Mon fils n'a pas l'étoffe d'un haut fonctionnaire, c'est Alain qui l'a poussé à faire l'ENA, j'aurais préféré qu'il prenne le large, n'importe où. "Sois heureuse", m'a dit Kathy quand je l'ai embrassée. Heureuse ? La question n'était pas là. Elle n'était nulle part, la voiture filait sur le ruban bleuté, le soleil brillait, le paysage s'inclinait en pentes douces après les tournesols de la Champagne berrichonne. Lorsque j'étais enfant, l'autoroute A 71 n'existait pas, la Versailles paternelle empruntait la RN 20 qui traversait Orléans, Vierzon, Châteauroux et Limoges. Je dévalais encore la même route en deux-chevaux à l'époque de la fac, et je m'arrêtais immanquablement à L'Escale, le routier en face de l'ancienne base aérienne de l'Otan, ouvert tous les jours de l'année, et toutes les nuits.

Entre Bourges et Saint-Amand, on a créé un relais autoroutier intitulé "du centre de la France". Je m'y suis arrêtée pour annoncer la bonne nouvelle à Charles. Bonne pour moi. Mon fils m'a dit qu'il me comprenait, ça m'a remplie de joie. "Sois heureuse." Décidément la formule venait à l'esprit de tous. J'ai acheté trois cassettes pour mieux retrouver le temps des surboums sur la pelouse des Aubrac et j'ai repris la route en écoutant Fats Domino, Ricky Nelson et Elvis Presley. Avant de quitter la cabine, j'avais laissé un message sur le répondeur de Léo. D'habitude je déteste parler à un répondeur mais celui-là m'a évité une explication qui aurait tourné court. "Rupture définitive et sans appel", ai-je lâché. Après un temps d'hésitation, j'ai ajouté "Sois heureux" puisque apparemment la formule a cours sur le marché des lieux communs.

Pour gagner Aubignac il faut quitter l'autoroute à Montluçon et pénétrer le Massif central par ses marges. Fats Domino chantait "I'm ready", j'avais dans les yeux un soleil orange, des vaches blanches rêvaient à je ne sais quel taureau charmant derrière des haies. Telle était ma griserie que j'ai voulu téléphoner à Alain pour solliciter son pardon.

Lorsque j'étais enfant l'autoroute A 71 n'existait pas, la Versailles paternelle empruntait la RN 20 qui traversait Orléans, Vierzon, Châteauroux et Limoges.

Le bonheur prédispose à la magnanimité, c'est écrit dans les évangiles, et je suis tout à fait catholique, en dépit de quelques apparences. J'ai eu Alain dans son bureau. Il m'a traitée de cinglée. Puis d'égarée. Il était très irrité, ça n'avait aucune importance et du reste ça ne durerait pas longtemps, mon capital d'unités se rapprochait de zéro. Il irait aux Antilles sans moi, certes, mais je le ridiculisais. J'ai failli lui rétorquer que son être même était empreint de ridicule. Son être, sa vie, son langage, sa tenue : tout Alain Dubois. "Tu es avec quelqu'un ? " J'ai répondu oui, faute de mieux. Pierre n'est pas quelqu'un, au sens où Alain peut l'entendre. "Tu veux divorcer ?" J'ai répondu oui, en ajoutant que je lui laisserais tout, car je n'avais rien à lui reprocher. C'était vrai et faux, comme toutes ces années grises que j'ai perdues à ses basques. J'allais conclure avec un "Sois heureux" sans conviction mais la communication a été coupée.

Dans ma mémoire le trajet entre Chenerailles et Ussel restera associé à la voix un peu nasillarde, de Ricky Nelson. "It's up to you" : générique éventuel de ma vie future. Elle ne serait plus ma vie, j'en remettais d'avance les clefs à Pierre, il en userait à sa guise. Pierre de tous mes désirs, je t'aime. Donc, je suis à tes ordres. Pierre Aubrac d'Aubignac, espion vraisemblable, existes-tu vraiment ?

Pour vérifier il fallait téléphoner. J'ai acheté une carte dans un bureau de tabac à Ussel mais la cabine que j'ai trouvée sur la route de Neuvic fonctionnait encore avec des pièces. J'ai bu une limonade à Neuvic pour avoir de la monnaie et le miracle est advenu : Pierre au bout du fil. "Dépêche-toi." Pierre au bout de la route en lacet qui grimpe sur la gorge, avec la voix d'Elvis, générique inoxydable de nos amours juvéniles. "I'm all shook up". Elvis chantait "You are always on my mind" lorsque le clocher d'Aubignac est apparu et, pour la première fois depuis l'accident d'avion, des larmes ont glissé sur mes joues. Elles venaient de loin.
Le portail était ouvert. J'ai vu Pierre sur le seuil, une cigarette aux lèvres. À seize ans il fumait déjà des blondes, j'ai appris sur ses lèvres le goût du tabac de Virginie. À peine avais-je chu dans ses bras, j'ai su que ma vie avait enfin un sens : le sien. Nous n'étions pas pressés de nous étreindre puisque le temps ne nous serait plus jamais compté. Nous avons marché sur le chemin de la Soulanne. J'ai dit à Pierre que je serais son humble servante, il m'a répondu posément qu'il n'en attendait pas moins de moi. À seize ans déjà il dictait sa loi. Elle sera douce : l'infini qui brille dans son regard est simple comme bonjour.

Le soir nous avons fait du feu. La maison des Aubrac est habitable, elle sent le passé, je revois mes parents et ceux de Pierre – et mon frère Marc qui ressemblait à Pierre. Je nous revois avant le drame et ça renoue en moi tant de fils qu'il me faudra la vie entière pour tisser avec la trame du bonheur à Aubignac.

Denis Tillinac

"...ça renoue en moi tant de fils qu'il me faudra la vie entière pour tisser avec la trame du bonheur à Aubignac."

Bloc de prises téléphone, TV+FM et secteur, Legrand, modèle Sagane Silex.

Irène Frain

Née le 22 mai 1950 à Lorient, Irène Frain s'est fait connaître en 1982 avec la parution du célèbre *Nabab* (Lattès). Dès sa première tentative, l'auteur rencontre les faveurs du grand public, remportant un succès qui ne s'est pas démenti depuis. Inspiré d'une histoire vraie, *Le Nabab* relate l'épopée d'un mousse breton du XVIIIe siècle qui deviendra chef de guerre en Inde.

Forte de ce succès, Irène Frain, agrégée de lettres, abandonne l'enseignement au lycée et à l'université, et se consacre à l'écriture.

Elle publie successivement *Modern Style* (Lattès, 1984), *Désirs* (Lattès, 1986), *Secret de famille* (Lattès, 1989, adapté pour la télévision en 1992), et le très autobiographique *Histoire de Lou* (Fayard, 1990). Dernier ouvrage paru : *L'Homme fatal* (Fayard, 1995). Quel que soit le genre auquel elle se consacre, Irène Frain séduit par l'ampleur et le romanesque de son style.

Toutefois, l'écrivain n'a pas publié que des romans ; Bretonne et passionnée d'histoire, elle est également l'auteur de plusieurs ouvrages historiques ou de sociologie historique : *Quand les Bretons peuplaient les mers* (Fayard, 1979) sur l'histoire maritime de la Bretagne, *La Guirlande de Julie* (Laffont, 1991) sur la naissance de la civilité amoureuse en France et l'origine du langage des fleurs, *Vive la mariée* (Du May, 1993) sur les rites du mariage.

Journaliste à Paris-Match, Irène Frain se passionne pour le destin exceptionnel de la "Reine des bandits", l'Indienne Phoolan Devi, aujourd'hui députée au Parlement indien. Cette enquête, commencée en 1989, aboutira à la publication en 1993 du roman *Devi* (Fayard/Lattès), et de *Quai des Indes* (Fayard), un ouvrage plus personnel où l'auteur s'explique à la fois sur son rapport à l'Inde et sur la portée historique et sociologique de l'itinéraire de Phoolan Devi.

En 1994, à la suite d'un nouveau voyage, Irène Frain complète ces deux livres par la publication de *La Vallée des hommes perdus*, un recueil de textes illustrés par l'aquarelliste André Juillard (Éditions DS).

Irène Frain a enfin fait paraître deux livres de contes. Un pour enfants, *Les Contes du cheval bleu les jours de grand vent* (Livre de Poche Jeunesse, 1980), inspirés par des récits traditionnels de marins bretons, un autre pour petits et grands : *La Fée Chocolat* (Stock, 1995).

" Au Nanard français"; et le pire c'était que ça avait marché, les gens accouraient pour acheter ses vidéos de navets des années cinquante et soixante, alignées derrière un comptoir façon vieille épicerie, jusqu'au grelot au-dessus de la porte pour donner la touche rétro..."

Bon Débarras

PAR IRÈNE FRAIN

Il fallait en finir. Plus la nuit s'épaississait autour de la voiture, plus la décision de Primrose lui paraissait lumineuse. Et elle ne cessait de se reprocher : "J'aurais dû le plaquer plus tôt." Avant l'ouverture de la boutique, par exemple, quand il est devenu clair que Nanard, naguère le beau Bernard, œil de feu et noire mèche assassine, chouchou des serveuses de MacDo, n'irait jamais plus loin que son personnage d'as de la bidouille, dix idées de bricolage par jour qui ne débouchaient jamais sur rien, sinon, de loin en loin, sur des scenarii de polars à la manque qu'il n'arrivait jamais à fourguer nulle part.

Parlons-en, tiens, de ses scenarii, murmura Primrose en évitant machinalement une plaque de verglas surgie dans le rayon des phares. Dans ses histoires à dormir debout, toujours des affaires de bouffe. Pas étonnant d'ailleurs, avec ce qu'il bâfrait toute la sainte journée. C'était aussi ça, le bedon gras-double, qui l'avait transformé de Bernard en Nanard ; et le bouquet, c'est qu'il en était fier, de son surnom, il s'en était servi pour baptiser la boutique : "Au Nanard français" ; et le pire c'était que ça avait marché, les gens accouraient pour acheter ses vidéos de navets des années cinquante et soixante, alignées derrière un comptoir façon vieille épicerie, jusqu'au grelot au-dessus de la porte pour donner la touche rétro, ils adoraient ça, les clients, surtout les snobs, fallait se pincer, vraiment. S'il n'y avait pas eu le fric que ça rapportait…

Un panneau surgit au détour d'un virage : plus que trois kilomètres avant La Chalopinière. Le fric, soupira Primrose. Les biftons qu'elle avait soigneusement piqués jour après jour dans la caisse du Nanard français et qui dormaient dans le coffre, au fond du dressing. Commencer par là. Les fringues et les tatanes, ça viendrait après.

Primrose consulta l'horloge du tableau de bord. Une heure du mat'. Ce serait limite,

Marco lui avait donné rancard à trois heures au Dancing Crocodile, la boîte de la Nationale, sous la grande enseigne verte et rose où le saurien se gondolait une lambada en courant alternatif. Tout juste le temps de faire ses valoches.

Primrose évita une nouvelle plaque de verglas, coupa l'autoradio et soupira d'aise. Ah ! la surprise du chef que ça lui ferait, au Nanard, quand il débarquerait dans sa bicoque et qu'il trouverait place nette ! Lui qui n'arrêtait pas de l'engueuler parce qu'elle ne savait pas liquider ses vieilles frusques : "Ma maison de campagne, tu la prends pour une friperie, un de ces beaux matins tu vas voir comme je vais te foutre tout ça au feu ! "La dernière fois que Nanard s'était mis en pétard sur ce thème-là, il lui avait lancé un ultimatum : "T'as quinze jours, la Prime, quinze jours pour me débarrasser tout ça !" Primrose, il l'appelait toujours la Prime quand il l'avait dans le nez ; mais ce jour-là, Nanard, il s'était shooté à la Kronenbourg, il avait le ventre plus boursouflé que d'habitude, on aurait cru une bombe qui allait lui péter au nez. C'était là que Primrose avait pris sa décision. À cause des fringues ou à cause du bide, elle ne savait pas. À moins que ce soit Marco.

Pas le temps de gamberger, première vicinale à droite, troisième à gauche, maintenant le chemin de terre. Ça glissait salement, il avait dû beaucoup flotter. La maison, enfin. "Le châtiau", comme l'appelait bêtement Nanard pour faire le malin, comme toujours.

Primrose tâta fébrilement les poches de son blouson en cuir, puis celle de son jean. Elle avait bien emporté la clef de la porte principale, mais celle de l'alarme, où avait-elle pu fourrer celle de l'alarme ? Hé oui, son éternel problème avec les clefs, la "névrose des clefs", comme l'affirmait Nanard, où est-ce qu'il avait bien pu dégoter une idée pareille, en tout cas il l'avait collée dans un de ses scénarii débiles qu'il la forçait à lire : *Meurtre à la tête de veau* ou *Suicide au cassoulet*, Primrose ne savait plus ; et puis que foutre, à la fin, tout ça c'était derrière, maintenant, allez, basta !

Les mains de Primrose fouillaient avec ardeur la panse capharnaümesque qui lui tenait lieu de sac. Ouf ! au fond de son bordel noir, enfin la clef de l'alarme ! Allez, hardi petit, à l'assaut du châtiau, un peu de cœur au ventre et tout marcherait comme sur des roulettes. La maison de Nanard, elle pouvait s'y balader les yeux fermés du grenier au faux grenier; Les remises, elle les connaissait mieux que sa poche, et tous les placards, et la chaufferie, et même le débarras en sous-sol où l'on accédait par un escalier escamotable – une invention de Nanard, évidemment.

Primrose alluma le plafonnier, saisit des épingles à cheveux dans le vide-poches, emprisonna sévèrement ses mèches en un petit chignon. Un peu jaune, tout de même, son dernier Régé-Color, Marco à tous les coups lui ferait une réflexion. Bon, elle allait pas en faire une pendule. S'agissait d'être efficace, maintenant, fini la rigolade. Plus une seconde à perdre, comme disait Paul Meurisse dans *Le Monocle rit jaune*.

Primrose sauta de sa voiture, s'empara dans le coffre de trois valises vides et se dirigea bravement vers la maison obscure.

La première clef, celle de la porte d'entrée – blindée évidemment, pour tout ce qui touchait à sa maison de campagne, Nanard était complètement parano – cette première clef donc tourna sans problème dans la serrure. Pas d'os non plus avec l'interrupteur d'alarme – deuxième placard à gauche dans le vestibule, derrière la fausse tapisserie de la Dame à la licorne, quarante-sept secondes et pas une de plus pour la mettre hors circuit, pourquoi quarante-sept et pas quarante-six ou quarante-huit, du Nanard tout craché, ça, rien à comprendre, pas la peine de se triturer les méninges.
Ric-rac : en moins de trente secondes, Primrose déverrouilla l'interrupteur de l'alarme, elle le vérifia au cadran. Un record absolu. Ah ! c'était ça l'amour, le vrai, le grand, fallait-il qu'il lui ait collé le feu aux fesses, le beau Marco…

La lumière électrique inonda le vestibule. Toute raidie de froide détermination, Primrose s'engagea dans l'escalier. Et c'est là que ça commença.

Discretos, au début, faut pas exagérer. Elle en lâcha tout de même une de ses valises, ainsi qu'un juron de son cru. Puis elle se figea et se mit à inspecter le vestibule. Rien à l'horizon. Elle avait dû rêver.

Seulement est-ce que ça se rêvait, un bruit de plomberie ? Une tuyauterie haletante, hoquetante, comme chaque fois qu'on allait aux toilettes, dans cette bicoque à la noix ?

Si, ça se rêvait sûrement, les bruits, on rêvait bien le reste. C'était l'émotion. Le sentiment. Nanard, quoi ! Trop de souvenirs, ici. Pas facile à liquider.

Primrose soupira, puis haussa les épaules et ramassa sa valise. Nanard, il me gonfle, s'admonesta-t-elle sévèrement en reprenant sa montée. Il m'a vraiment pris la tête, vivement que je l'aie largué, et puis, de toute façon, il peut pas être dans sa baraque, il a sa fiesta Tontons flingueurs avec tous les membres de son ciné club préféré, celui qui s'appelle : *Numérote tes abattis*. Inutile encore de se creuser les méninges.

Cette java-là, jamais Nanard la raterait, ah ça non, ah la la ! D'où toutes les soirées que Primrose avait passées en tête à tête avec sa télé. C'est d'ailleurs comme ça qu'elle avait fini par rencontrer Marco, un soir que ladite télé avait disjoncté et qu'elle avait appelé en urgence TV Couic (Marco, qui était vaguement intello, c'était son seul défaut, prétendait que ça s'écrivait Quick), en tout cas le meilleur service de dépanneurs, la preuve ! de toute la grande banlieue…

Rien qu'au souvenir de Marco, Primrose se sentait plus légère. En un rien de temps, elle fut au premier étage. C'est pas le tout, sifflota-t-elle alors – elle sifflotait toujours avant de se mettre à une tâche importante – et elle fila droit au dressing.

"Faisons les choses dans l'ordre, marmonna-t-elle, méthodique et concentrée. D'abord les pépètes, les pépètes dans le coffre, le coffre au fond du dressing." Ah ! ce coffre, installé en cachette de Nanard, il ne l'avait jamais reniflé, le nul ! Ni vu ni connu, le Fichet à double combinaison dissimulé derrière ses fringues. Le tout de ses propres mains! Hé oui ! Avec perceuse, tournevis, clef à molette et tout le toutim. Fallait tout de même pas croire qu'il avait

"… deuxième placard à gauche dans le vestibule, derrière la fausse tapisserie de la Dame à la licorne, quarante-sept secondes et pas une de plus pour la mettre hors circuit …"

"À plus tard, la romance ! S'agissait maintenant de rafler un max de grolles et de fringues, les bouteilles de parfum, aussi, dans la salle de bains."

le monopole de la bricole, le Nanard. Et la preuve que ça pouvait servir un jour, d'être élue Miss Muscul'– prononcez Musculeu, SVP– à Montreuil-sous-Bois.

Ici Primrose gloussa, un gargouillis assez stupide dont elle avait la spécialité et que nous nous refuserons par charité à reproduire ici. Mais elle n'était pas entrée dans le dressing que ce bizarroïde et suraigu grelin s'étouffa dans sa gorge, car il venait d'être relayé par celui de la plomberie, qui se remettait à gazouiller, puis hoqueter, puis carrément s'éleva une suave mélodie que Primrose identifia dans l'instant : sa musique préférée, Patrick Bruel dans "Casser la voix". Suivie hélas de quelques vrombissements et vacarmes de casserole – ce serait pas par hasard ce Xenakis dont Nanard faisait tout un fromage quand il discutait avec ses clients derrière le comptoir de la boutique ? Bruel dans la maison, génial, mais Xenakis avec ses bruits de gamelle et de cochon qu'on égorge, coup de pied au cul tout de suite, et que ça saute !

Ça venait des toilettes de la chambre, pas à tortiller. Primrose serra les mâchoires et fronça le nez, prémices de la posture d'attaque que Marco, karatéka à ses heures, lui avait enseignée dans un accès de romantisme. Et elle pénétra dans la chambre.

Tout était en ordre ; et plus un bruit, plus un seul fracas de gamelle ni de piaillement de cochon. Primrose réprima un frisson et répéta mentalement le kata qui devait avoir raison de l'occupant des toilettes. De toute façon, vu l'endroit, il ne serait pas en position de force ; et si c'était Nanard, tant mieux, elle savait où l'attaquer : au bide, direct. Ensuite... ensuite elle verrait.

Elle ouvrit la porte d'un coup de pied, exactement comme Bruce Lee dans *Le Fils du Dragon*, le film préféré du beau Marco, ah, Marco ! Un peu casse-couilles, c'est le cas de le dire, avec sa karatémania, mais au moins ça l'avait changée, la pauvre petite Prime, des *Branquignols* et du *Monocle noir*...

La porte claqua. Mais là, macache, dis donc ! Bernique ! Le pied de Miss Musculeu, en fait de bedaine, se perdit sur le mignon molleton rose à dentelles dont elle avait encadré le "lieu", comme elle disait du temps où elle était encore sentimentale et où Nanard n'était pas encore Nanard.

Les vécés étaient vides. Complètement. Et c'est là, pour comble, qu'elle entendit le crissement.

Le merveilleux crissement. Comme ça, y en avait qu'un. Et comme dans la chanson, ça lui collait des frissons, à Primrose, du haut en bas, et par-derrière, et par-devant. La seule chose capable au monde de la faire accourir ventre à terre : le bruit des biftons. Seulement... seulement le bruit, il venait des vécés. Des vécés vides. L'épouvante.

"Putain, on me pique mon blé !" gronda alors Primrose, et elle se rua de nouveau dans la chambre. Revrombissement de plomberie. Pas le moment de s'arrêter à des problèmes de tuyauterie, le fric, bordel, on n'allait tout de même pas lui flibuster son blé sous son nez, juste au moment où elle venait le récupérer pour aider Marco à acheter le bar-tabac face à la gare d'Aubervilliers, *Le Narval*, le charmant petit fonds de commerce dont il rêvait depuis des années avec son copain Polo, parce que TV Couic, à force, et malgré les opportunités du service de nuit, ça commençait à bien faire, à la fin !

En un bond, décidément ça servait, le karaté, autant que la musculeu, Primrose fut dans le dressing. Mais là encore, que dalle, dis donc ! Les robes étaient aussi immobiles que des cadavres, rigoureusement pendues au-dessus des chaussures dans l'ordre chronologique où Primrose les avait rangées, de la combinaison fluo de sa jeunesse folle, le temps du disco, des vacances aux Baléares, du beau Bernard, quoi, jusqu'au bustier noir glamour à paillettes saumon de la dernière et sinistre Saint-Sylvestre, quand elle avait trouvé Nanard dans la cuisine avec la petite Asma, la livreuse de Pizza Couic, une belle salope, celle-là, à qui Nanard, nonobstant son bide, avait voulu donner des cours de musculeu et pour une fois on pouvait prononcer muscul !

Primrose écarta rageusement le bustier à paillettes. Le coffre était fermé. Elle fit prestement jouer les molettes, mémoire impeccable, la Primrose, à quarante-six balais pas encore de prions dans la cafetière, et de toute façon c'était la même combine que chaque semaine au Loto. Les billets étaient là. Les biftons, les délicieux biftons. Primrose les enfouit immédiatement dans le slip cuir-panthère qu'elle s'était spécialement acheté pour la fuite avec Marco. La tête qu'il ferait, Marco, quand elle lui collerait les paluches sur le divin matelas. Touchez pas au grisbi, qu'elle lui dirait. Et il toucherait, évidemment ! Il palperait, c'est le moment de le dire...

Primrose contint vaillamment ce dernier et pourtant légitime émoi. À plus tard, la romance ! S'agissait maintenant de rafler un max de grolles et de fringues, les bouteilles de parfum, aussi, dans la salle de bains. Elle la regretterait, d'ailleurs, cette salle de bains, côté luxe et volupté il n'avait pas lésiné, le Nanard, il savait qu'elle aimait la beauté et le raffinement, normal d'ailleurs pour une esthéticienne. Jacuzzi violet, lavabo-vasque assorti, robinets dorés, plantes artificielles, combien de fois il l'avait envoyée au plafond dans son bain moussant à la framboise, tiens, c'était la seule chose qu'elle allait lui piquer, Primrose, le bain à la framboise. Pas pour le plaisir de piquer, non. Comme souvenir.

Primrose entra religieusement dans la salle de bains – elle avait les boules, c'était vraiment le plus dur, le jacuzzi et le souvenir du bain à la framboise. Et là, d'un coup, le carrelage se mit à lui rechanter Bruel. Puis Xenakis. Comme une radio. Et ça venait vraiment de là, de la salle de bains...

Se casser, se casser tout de suite, point-barre. Plus question de réfléchir. Sûr de sûr, un coup de Nanard. D'ailleurs, qu'est-ce que c'était que cet interrupteur en acier satiné à mi-hauteur du mur ? Pas remarqué ça, la dernière fois. Nanard, à tous les coups. Pourtant trop raffiné pour lui...

Alors qu'elle dévalait l'escalier, Primrose s'aperçut qu'elle n'avait pas emporté ses valises. Elle prit alors une résolution qu'elle jugea héroïque : elle renonça à ses robes et à ses chaussures. Parce que c'était plus la peine de se fourrer le doigt dans l'œil : Nanard avait compris, pour Marco. Il avait dû l'espionner avec une de ses bidouilles téléphoniques. Il savait qu'elle se cassait ce soir. Et il n'était pas à son club *Numérote tes abattis*.

Il était là, dans les parages, à deux mètres, à deux centimètres, dans les cinq minutes il allait la lui jouer Nanard flingueur, couru... Mais elle, la Prime, elle était fute-fute, elle avait pigé. La voiture, vite. Et les bras de Marco. Les mains expertes de Marco. Les muscles de Marco. Avec le fric bien au chaud au fond de son slip panthère, sous le crocodile électrique qui dansait la lambada.

Elle se rua dans le vestibule, fonça à la porte blindée. Elle était verrouillée. Il y eut un nouveau bruit : un tintamarre de marmites et casseroles cette fois, à croire qu'on avait attaché tout le BHV à la queue d'un chat.

Primrose se mit à fouiller son blouson, comme tout à l'heure dans la voiture. Puis elle se figea : sur le mur, elle venait d'apercevoir un second interrupteur d'acier satiné. Bizarre quand même. Trop raffiné pour Nanard.

Repigé. Il la prenait pour qui, le Nanard ? Le mongol, le nul ! Il la croyait abrutie ou quoi, il croyait qu'elle ne lisait pas les pubs ? À droite, là, dans le débarras souterrain, c'était là que devait se trouver la chaîne hi-fi, mais oui, à tous les coups, c'était là qu'il l'avait installée. En bas de son non moins nul escalier escamotable. Une chaîne avec des bouts de trucs enregistrés qu'il lui balançait, là, pour lui flanquer les jetons, pour l'attirer dans un piège, pour...

Le fracas de batterie de cuisine fut alors remplacé par un nouveau crissement qui annonçait le billet de banque. Primrose garda tout son sang-froid. Elle ouvrit la porte du débarras et actionna le bouton électrique.

Bien vu, cocotte : cinq mètres en dessous, tout au fond du débarras, le tableau de la chaîne hi-fi clignotait gentiment en bas de l'escalier de bois. Télécommandé, évidemment. Chaque fois que Nanard, posté à l'extérieur, voyait une lumière s'allumer dans une pièce de son "châtiau", il commandait la sono qu'il avait programmée. Machiavélique. Mais mal calculé quand même. Parce que la Primrose, elle...

Réflexe conditionné selon toute vraisemblance, Primerose ne put s'empêcher de ricaner sourdement façon Francis Blanche et avança sur la première marche de l'escalier un pas de chat. Re-bien vu, ma poulette : le geste suffit à faire vaciller l'escalier.

Bon ! grommela Primerose avec satisfaction, puis elle partit d'un piaulement absolument épouvantable et s'approcha de la porte blindée.

"Une chaîne avec des bouts de trucs enregistrés qu'il lui balançait, là, pour lui flanquer les jetons, pour l'attirer dans un piège, pour..."

Tout se passa exactement comme elle l'avait prévu : posté dans le garage derrière la maison, télécommande en main, Nanard crut qu'il avait gagné la partie et vint constater les dégâts. Dans sa hâte, il déverrouilla la porte d'un coup sec, si bien qu'au moment où il se retrouva devant Primrose, elle crut qu'il allait avoir une attaque. Il y eut quelques secondes de flottement puis il dégaina une matraque.

Primrose se mit aussitôt en posture d'attaque.

"Bien vu, cocotte : cinq mètres en dessous, tout au fond du débarras, le tableau de la chaîne hi-fi clignotait gentiment en bas de l'escalier de bois. Télécommandé, évidemment. Chaque fois que Nanard, posté à l'extérieur, voyait une lumière s'allumer dans une pièce de son "châtiau", il commandait la sono qu'il avait programmée. Machiavélique. Mais mal calculé quand même. Parce que la Primrose, elle…"

Diffusion sonore, Legrand, modèle Sagane Xelio.

Frédéric Fajardie

Frédéric Fajardie est né à Paris le 28 août 1947.
Ne s'est fait remarquer qu'en raison de sa première place systématique en dissertation… et de fréquents passages devant le conseil de discipline du lycée.
Études universitaires brillantes (trois licences).
Appelé dans l'armée de l'air, il fut caporal à « titre temporaire » comme Charles de Gaulle fut général.
Auteur de sept romans, dix-sept romans noirs et près de deux cents nouvelles, Frédéric Fajardie s'est notamment fait connaître avec *Un homme en harmonie*, *Pattes de velours*, *La Nuit du chat botté* et le prix Paris-Première qu'il reçoit en 1995.
Écrivain, Frédéric Fajardie est aussi scénariste dialoguiste. Il a écrit pour Jeanne Moreau dans *La Femme fardée*, Alain Delon dans *Parole de flic*, Malcom Mac Dowell dans *Vent d'est*, Michel Serrault et Serge Reggiani dans *Ne réveillez pas un flic qui dort*, et bien d'autres…
Goûts : adore voir son égérie[1], en bas noirs, hauts talons à brides et porte-jarretelles. C'est pour elle qu'il prépare son prochain livre *Égérie légère*.
Autres goûts : la cuisine provençale, Sisley, les Camel, la grappa, les Alfa-Roméo, Monica Vitti, les chiens boxer, Frank Sinatra, les Rolling Stones, Mme de Lafayette, Barbey d'Aurevilly, la littérature allemande, les œuvres complètes de Mao Tsé-toung (4 volumes), *Tintin et le Lotus bleu*…

1. Francine. *(N. d. R.)*

"Piégé par une alarme, je veux bien.
En huit ans, c'est normal que ça
ait fait des gros progrès.
Mais pas au point de mettre dans
le coup *La Veuve broyeuse*…
–Joyeuse !
***La Veuve joyeuse* ! coupa le capitaine."**

"... les craquements dans la toiture, familiers, lui faisaient imaginer, ce soir, qu'une bande d'êtres hideux, sorcières et trolls, organisait dans le grenier quelque monstrueux sabbat, voire une "messe noire"..."

faute de pouvoir les définir comme "objectifs" : pourquoi les choses naturelles, normales, prenaient-elles, en raison de l'absence de ses parents, ce tour étrangement terrifiant ? Par exemple, les craquements dans la toiture, familiers, lui faisaient imaginer, ce soir, qu'une bande d'êtres hideux, sorcières et trolls, organisait dans le grenier quelque monstrueux sabbat, voire une "messe noire" avec sacrifice humain dont elle serait, naturellement, la victime... Ou bien encore les hurlements du vent, habituels eux aussi, et qui ce soir lui faisait imaginer qu'un ogre de quatre mètres de haut, enchaîné à la fontaine de la place de la Contrescarpe, rugissait pour briser ses liens, descendre la rue Mouffetard, s'engouffrer dans la rue du Pot-de-Fer, casser la porte à coups d'épaule et la dévorer comme un vulgaire hamburger... Et pareillement, dans l'inépuisable registre des peurs enfantines, trouvait-elle un sens horrible aux branches de bouleau cognant la façade, au long cri lugubre d'un chien isolé, au bruit de soucoupe volante de l'appareil installé sur le toit de la terrasse de l'insalubre bar à bière dont l'arrière donnait sur la cour...

La peur, irrationnelle, hégémonique, physique – la petite fille ressentait un point douloureux au bas-ventre –, la peur, devenue panique, la fit se précipiter dans la cuisine où, fébrilement, elle fouilla dans un tiroir et s'empara du couteau à gigot.

Puis, à demi rassurée, elle alla s'asseoir dans un angle du living-room.

Pour se rassurer davantage encore, elle se contraignit à passer en revue ce qui, peu avant, l'avait terrorisée mais s'armant, cette fois, d'un outil autrement efficace que le couteau à gigot : l'humour !

Son père, qui aimait lui démontrer le côté dérisoire et souvent drôle de certaines angoisses, avait fait montre d'un certain brio avec cette forme de pédagogie atypique qui consiste à démystifier et dont l'essence, en cette occurrence, pourrait tenir en quelques mots : "Et si c'était plus amusant qu'on ne l'imagine ?"

Assise toute menue dans l'angle de la pièce, elle dit à voix haute – une voix qui, en vérité, chevrotait un peu :

"Bon, je recommence tout ! Tous ces trucs qui m'ont fait peur !"

Elle songea tout d'abord au "monstrueux sabbat" organisé dans le grenier, par la bande de sorcières hideuses et de trolls sanguinaires. Avec un rare sang-froid que d'autres, décidément malintentionnés, qualifieraient sans doute de "sacrée mauvaise foi", elle se dit qu'il n'y avait pas là matière à s'effrayer. De quoi s'agissait-il au fond ? Deux ou trois sorcières épuisées par une journée de travail à fabriquer des potions empoisonnées et un ou deux trolls un peu ivres du sang avalé dans la journée s'étaient donné rendez-vous au grenier pour une petite surboum ? Et alors ? Pourvu qu'ils ne lui imposent pas les rengaines de Michaël Jackson – elle détestait ce chanteur – mais plutôt qu'ils dansent des slows en écoutant les chanteurs de papa – Frank Sinatra, Dean Martin, Fats Domino – aux voix chaudes et rassurantes : tout irait bien – il y a en effet assez loin du "crooner" au croqueur.

Quoi d'autre ?

Ah oui, cet ogre, là, enchaîné à la fontaine de la place de la Contrescarpe et qui rugissait ? Bon, apparemment, il rugissait toujours, preuve qu'il n'était pas si costaud que cela ! Peut-être s'agissait-il d'un ogre souffreteux, tout voûté ? Pauvre bête ! Et puis, à supposer qu'à force de tendre ses muscles malingres et filandreux, il parvienne à s'échapper, sa première idée serait de se goinfrer dans les nombreux restaurants de la rue du Pot-de-Fer. Or vu la médiocre réputation de ceux-ci, ce pauvre ogre risquait fort de se retrouver à l'hôpital en raison d'une irruption instantanée de boutons – voire, une furonculose !

"Bien, songea Alice, encore un truc de réglé !"

Quoi encore ? Ah, le hurlement sinistre du chien ? Mais cela ne pouvait être que "Brigand", le boxer des voisins, toujours amoureux de la dernière chienne croisée rue Tournefort ! Ce n'était, bien entendu, pas du tout un hurlement à la mort mais la façon toute personnelle dont le boxer "Brigand" interprétait "O sole mio" pour émouvoir le cœur de sa belle !

Pour le reste, ce n'était guère plus sérieux.

Sans lâcher son couteau, et sans croire tout à fait à ses plus récents arguments, Alice se dit qu'elle était rassurée. Absolument rassurée.

Pendant ce temps, à l'hôtel de police du quartier, régnait une ambiance assez proche de la panique.

En effet, un groupe de deux cents "Krishnas" s'étant rassemblé en bas de l'avenue des Gobelins, interdisant ainsi toute circulation, le préfet de police, agacé, avait donné l'ordre d'"embarquer" les contrevenants.

On imagine assez bien comme l'arrivée de deux cents jeunes gens aux crânes tondus et aux robes safran peut perturber un paisible commissariat de police dont les fonctionnaires, de type standard, n'ont guère été formés à l'histoire des grandes divinités de l'Inde brahmanique en général et à Krishna en particulier. Un "Krishna" dont la fiche de renseignement, policièrement parlant, dirait à peu près ceci : "Krishna, alias "le berger d'amour". Signe particulier : huitième incarnation du dieu Vishnou."

Brigadier, vous reprendrez bien une petite aspirine ?

En attendant, curieux, certains fonctionnaires commençaient à quitter leur poste pour assister à l'arrivée de la "tornade safran".

Certains fonctionnaires... y compris le préposé aux appels urgents.

Une nouvelle fois, Alice tendit l'oreille. Elle l'aurait juré : quelqu'un s'attaquait discrètement à la petite fenêtre de la buanderie communiquant avec la maison. Serrant plus fort que jamais le manche de son couteau à gigot, elle commença à réciter, à tout hasard, un fervent "Je vous salue, Marie"...

L'homme qui "travaillait" la fenêtre de la buanderie semblait indifférent aux froides rafales de vent. Tout d'abord, pour un mois de novembre, les conditions météorologiques n'avaient rien d'extraordinaire. En outre, il avait grandi dans un département de l'Est, au bord du Rhin. Enfin, et ce dernier point était sans doute le plus important, il venait de passer huit années dans une maison d'arrêt de province assez connue pour son inconfort et les rudes manières des représentants de l'administration pénitentiaire. Henri Haguenot, puisque tel était son nom, releva légèrement l'extrémité du ciseau à froid avec lequel il tentait de forcer la fenêtre à guillotine. Il prêta l'oreille. Rien, rien que le vent. Donc, "la gosse dormait".

Haguenot était bien renseigné. En cavale, réfugié chez un ami habitant le quartier, il avait rapidement repéré la jolie maison.

Après trois jours de "planque", ses efforts venaient d'être récompensés : les parents se rendaient à une soirée, aucune baby-sitter n'était entrée et la gosse, seule, devait déjà dormir à poings fermés.

Certes, elle pouvait se réveiller. Mille impondérables risquaient toujours de compromettre les plus belles constructions théoriques : une envie de chocolat, le besoin d'un livre, une émission de télé qu'on ne veut pas rater, un nounours oublié, un petit "pipi" à soulager...

Soit. Mais avec quelques gifles, ne peut-on compter sur la "coopération" pleine et totale d'une enfant de onze ans ?

Haguenot sourit et, faisant levier avec le ciseau à froid, il ouvrit la fenêtre et se glissa dans la buanderie...

Il l'ignorait, mais Haguenot venait de violer une "première ligne" de défense du système de sécurité.

Sans un cliquètement, dans un silence total, le cerveau du système de sécurité venait de composer un numéro de téléphone... prévenant ainsi la grand-mère d'Alice qui habitait du côté de la porte d'Orléans.

Fiévreusement, la vieille dame chaussa ses lunettes et entreprit de composer le numéro de téléphone de l'hôtel de police dont dépendait la maison d'Alice.

Du côté des petites filles pas tellement en fleurs, mais pas en pleurs non plus, Alice avait abandonné les prières pour une attitude plus belliqueuse : le couteau dans une main, elle tenait de l'autre une télécommande.

On aurait tort de sourire car, dans l'ignorance des détails du système de sécurité installé par ses parents – n'avait-elle pas entendu parler de sirène ? –, Alice échafaudait sa contre-attaque.

S'étant emparée du premier CD qui traînait, en l'occurrence *La Veuve joyeuse*, elle l'avait installé sur la chaîne, avait poussé le son à fond et n'attendait plus que l'intrusion du "type de la cour" pour appuyer sur la touche "play"... et déclencher une apocalypse musicale.

Elle entendit distinctement un objet métallique ricocher sur le sol, puis les premiers craquements du bois.

Sachant que la porte de la buanderie était assez solide, Alice songea que l'"attaque" durerait un certain temps. Mais, bien décidée à faire payer à l'agresseur la terreur qu'il lui avait inspirée – et lui inspirait encore ! – elle fit appel à toute sa volonté pour "tenir". Une fois dans le living, l'homme serait très avancé dans la maison : le temps nécessaire pour faire retraite sans tambour ni trompette n'en serait que plus long – et les chances de se faire prendre, plus nombreuses...

L'hôtel de police évoquait quelque œuf monstrueux dont le jaune orangé aurait littéralement phagocyté le blanc – en ce sens qu'on trouvait des "Krishnas" dans tous les coins : bureaux, cellules, toilettes, couloirs... C'était à se demander, pour un observateur objectif, si la police avait arrêté les "Krishnas" ou si ceux-ci avaient envahi les locaux de la police.

Indifférent à tout ce tapage, un homme avançait. Grand, large d'épaules, le corps légèrement épaissi mais ayant conservé une certaine souplesse, les cheveux grisonnants, il était capitaine de police, s'appelait Paoli et approchait de la cinquantaine.

Un "Krishna" à l'air aussi résolu qu'illuminé lui barra le passage, sans même prendre en considération les trois barrettes qui indiquaient le grade de l'officier.

Celui-ci soupira et observa le "Krishna". "Il a le crâne en pain de sucre", songea le capitaine qui affina sa pensée : "S'il abandonne la religion Krishna, il pourra toujours tenter un casting pour une pub en faveur d'une marque de suppositoires."

Il considéra plus attentivement le "Krishna" qui, de son côté, regardait l'officier de police avec une bienveillance qui semblait sans limite.

Paoli, gagné par la fièvre de la découverte, corrigea son impression première : "Mais oui. Ce type n'a pas un crâne en pain de sucre, pas du tout. Le haut de sa tête, c'est exactement... Ah, comment dire ? ...Eh bien oui, l'ogive d'un suppositoire ! Fascinant ! Ce que j'aurai pu voir, tout de même, dans ce métier de chien !"

–Tu sembles scrutateur, Frère Policier ! dit le "Krishna" dont la bouche aux lèvres charnues intrigua le capitaine qui songea : "Pauvre type ! Un crâne en ogive de suppositoire, une bouche comme une ventouse : m'étonnerait qu'il prenne du galon chez les "Krishnas" !"

C'est pourtant d'une voix froide et distante que le capitaine Paoli répondit :

–Vous pourriez me laisser le passage ?

Le "Krishna" pencha la tête ou, plus exactement, l'inclina brusquement de quatre-vingt-dix degrés, de sorte qu'elle semblait couchée sur son épaule gauche, comme un animal familier mais cependant monstrueux – considérant les caractéristiques énoncées ci-dessus.

Le capitaine, intérieurement, prit bonne note de ce fait nouveau : "En plus, il a le cou en latex. Dans les soirées "cuir-sado-maso", ce type casserait la baraque ! Tiens, à l'occasion, faudra que j'en parle aux collègues de la Brigade des mœurs."

–Entrave à officier de police dans l'exercice de ses fonctions : ça vous plairait, dans votre CV ?

"Une nouvelle fois, Alice tendit l'oreille. Elle l'aurait juré : quelqu'un s'attaquait discrètement à la petite fenêtre de la buanderie communiquant avec la maison."

Le "Krishna" pencha la tête, mais à droite cette fois, selon des modalités à présent bien connues de nos lecteurs, et répondit :

–Je n'entrave pas, je libère, Frère Policier. Je vais te libérer car Krishna est Amour et je t'aime !

Le capitaine ébaucha un bref rictus, qu'on pourrait sans doute attribuer à une forme de frayeur tandis qu'il songeait : "La tuile ! En plus, j'ai un ticket !... Je me croyais encore beau mec, enfin, un certain charme, quoi... Je me disais qu'avant de franchir le

" Enfin, comme le fifre amène une note atypique aux fanfares militaires, il perçut, au milieu de cette symphonie – à moins qu'il ne s'agît d'un requiem – la sirène d'une voiture de police."

cap flippant du demi-siècle, je serais peut-être aimé d'une très jeune femme, que je pourrais connaître à nouveau les émois, les petits rendez-vous, les lettres fiévreuses, le rouge qui vous monte aux joues parce que l'adorable et cruelle poupée vous regarde bien dans les yeux sans rien cacher de son désir... Et voilà ce que je me "lève" : un "Krishna" chauve à crâne de suppositoire, robe de travelo, bouche en ventouse, cou en latex, sado-maso, sans parler de son haleine façon fosse commune parce que ce type, il doit se nourrir exclusivement de rillettes hors date depuis la guerre du Golfe ! Tiens, j'aime mieux penser qu'il est bourré. Oui, mais juridiquement, il y a un peu des deux... En tout cas, il faut que ça cesse !"

D'un geste preste, le capitaine sortit ses menottes, en passa une autour d'un des poignets du "Krishna" et l'autre au tuyau d'un radiateur en disant :

– Vous êtes en état d'arrestation. Selon l'article R16, décret 71-819 du 1er octobre 1971, vous allez être soumis à un examen médical destiné à déterminer votre taux d'alcoolémie. En outre, au vu de vos déclarations d'amour susurrées de vos lèvres en ventouse, vous êtes en infraction avec l'article 330 qui punit toute personne ayant commis un outrage public à la pudeur – qui plus est sur officier de police. Ciao !

Laissant le "Krishna" pantois, le capitaine Paoli se fraya à coups d'épaule un passage dans la marée couleur safran et gagna le poste de garde... qu'il découvrit désert.

Pris d'une rage froide, il décrocha une ligne et reçut un appel d'une grand-mère. Sa petite-fille, seule dans une maison, était vraisemblablement victime d'un cambriolage. Il griffonna une adresse sur un bloc, raccrocha et tapa sur l'épaule du standardiste en grande conversation avec un "Krishna" :

– Vous, si la petite fille a subi la moindre violence, je vous promets que vous allez jouer du sifflet à roulette jusqu'à votre retraite aux carrefours les plus venteux, les plus dangereux et les plus pollués de la capitale. Parole de flic !

Enfin, hélant un brigadier et deux gardiens, il leur dit :

– Vite, au garage ! On va avoir un "flag" à cinq minutes d'ici.

Le brigadier hésita :

– Mais... mon capitaine, on pourra jamais sortir la patrouilleuse, il y a des "Krishnas" à l'entrée du parking souterrain !

Les yeux du capitaine semblèrent deux braises, un peu à la manière de Raimu dans la première version du *Colonel Chabert* :

– Ah oui ? Eh bien je prends le volant et de deux choses l'une : ou les "Krishnas" dégagent à la vitesse de Carl Lewis ou bien je fonce dans le tas et vu la couleur de leurs saris, vous serez dégoûtés de la purée de carottes jusqu'à la fin de vos jours !

Pour Henri Haguenot, malgré ses heurts et malheurs, la vie avait, jusqu'ici, conservé une certaine cohérence. Il sentait vaguement, 2500 ans après le philosophe grec Anaxagore, qu' "au début était le chaos, puis vint l'intelligence, qui mit tout en ordre".

Cependant, à peine eut-il enfin réussi à fracturer la porte de la buanderie, les facteurs s'intervertirent, n'en déplaise aux mânes d'Anaxagore, si bien qu'Haguenot eut l'impression très nette qu' "au début de tout casse était l'ordre, puis vint le chaos, qui pervertit sa propre intelligence du monde".

En effet, et dans cet ordre à proprement parler terrifiant, le cambrioleur perçut d'abord une sirène, une horrible sirène d'alarme, stridente, perçante, obsédante et obstinée. Puis, comme si cela ne suffisait pas, il entendit, dans un bruit d'ampli à la limite de l'implosion, le célèbre duo valsé de l'acte III de *La Veuve joyeuse* :

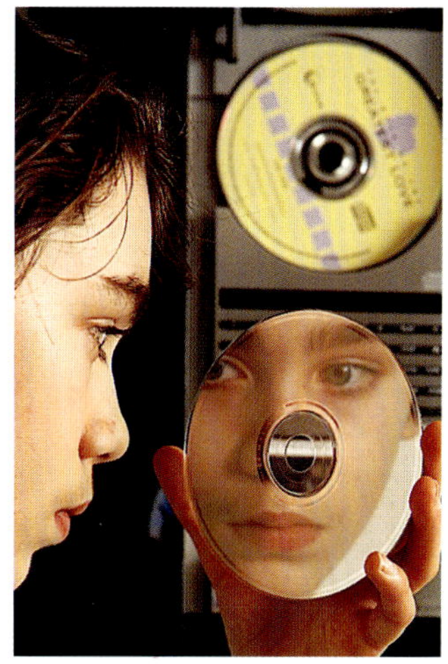

"S'étant emparée du premier CD qui traînait, en l'occurrence *La Veuve joyeuse*, elle l'avait installé sur la chaîne, avait poussé le son à fond et n'attendait plus que l'intrusion du "type de la cour" pour appuyer sur la touche "play"... et déclencher une apocalypse musicale."

Heure exquise
Qui nous grise
Lentement...
La caresse
La promesse
Du moment...
L'ineffable étreinte
De nos désirs fous,
Tout dit : "Gardez-moi"
Puisque je suis à vous.

Haguenot se sentait déjà cotonneux lorsque lui parvinrent, plus insolite encore – si la chose est possible – que *La Veuve joyeuse*, les croassements surréalistes d'une bande de corbeaux visiblement très irrités par ce tapage nocturne et qui entendaient le faire savoir.

Enfin, comme le fifre amène une note atypique aux fanfares militaires, il perçut, au milieu de cette symphonie – à moins qu'il ne s'agît d'un requiem – la sirène d'une voiture de police.

Il lui sembla que le film s'arrêtait sur un ralenti image par image... Ainsi la petite fille, montée sur une chaise, escaladant la fenêtre donnant sur le jardin pour être soulevée par les bras puissants d'un capitaine de police... Ainsi de jeunes flics agiles, arrivant par la même issue, le fouillant, le collant mains contre le mur...

Haguenot observa le capitaine Paoli, puis, baissant les yeux, il secoua la tête :

– Piégé par une alarme, je veux bien. En huit ans, c'est normal que ça ait fait des gros progrès. Mais pas au point de mettre dans le coup *La Veuve broyeuse*...

–Joyeuse ! *La Veuve joyeuse* ! coupa le capitaine.

Haguenot en convint :

–*La Veuve joyeuse*, je veux bien, à la rigueur, mais quand même pas cette bande de foutus corbeaux, non ?

Le capitaine, pas très sûr d'avoir compris toute cette histoire, prit un air évasif :

–Qu'est-ce que tu veux : ça s'appelle un saut qualitatif !

Frédéric Fajardie

"En effet, et dans cet ordre à proprement parler terrifiant, le cambrioleur perçut d'abord une sirène, une horrible sirène d'alarme, stridente, perçante, obsédante et obstinée."

Centrale d'alarme anti-intrusion, Legrand, modèle Sagane Xelio.

Amélie Nothomb

À vingt-neuf ans, Amélie Nothomb apparaît déjà comme l'un des auteurs les plus prometteurs et prolifiques du paysage littéraire francophone. Roman après roman, elle impose son écriture vive, dénuée de sensiblerie, à l'éclectisme affirmé.
Amélie Nothomb s'est révélée en 1992 avec le troublant *Hygiène de l'assassin*, où elle met en scène un écrivain obèse, prix Nobel de littérature et dangereux psychopathe. Depuis cette entrée en scène remarquée, elle s'est attaquée à plusieurs genres littéraires, du récit autobiographique (*Le Sabotage amoureux*) au théâtre (*Les Combustibles*).
Fille d'un diplomate belge résidant au Japon, elle se consacre entièrement à la littérature : elle affirme avoir dans ses tiroirs une dizaine de romans prêts à être publiés !
En 1995, Amélie Nothomb franchit un nouveau palier : elle publie chez Albin Michel *Les Catilinaires*, un thriller psychologique où la tranquillité d'un couple de retraités est menacée par l'apparition d'un énigmatique voisin. Ce livre, un des plus beaux succès publics de la saison dernière, a en outre valu à son auteur les saluts unanimes de la critique, ainsi que le prix Paris Première.
Après une enfance en Extrême-Orient, Amélie Nothomb s'installe à Bruxelles, où elle suscite chez ses aficionados un enthousiasme digne d'une rock star. Elle a suivi des études de philologie romane, a vécu aux États-Unis et au Japon. Elle est aujourd'hui traduite en onze langues et a remporté, notamment, en Allemagne, le prix des Libraires en 1996.

"Cette dernière en avait perdu la conscience du réel : elle n'avait pas senti les caresses de son ami et, quand elle conduisait la voiture, elle n'avait pas vu les phares du camion."

Électre

PAR AMÉLIE NOTHOMB

La liste des comportements amoureux est ouverte à l'infini. Celui d'Électre n'avait rien de si extraordinaire, il était même banal : la passion avait fait d'elle une voyeuse.

C'était un cas de possession. Tout avait commencé trois années auparavant, à Genève. Électre avait alors dix-neuf ans et apprenait à conduire. Le moniteur d'auto-école s'était épris de cette fille belle et silencieuse. Il l'avait invitée au concert rock d'une chanteuse canadienne de passage en Suisse, une certaine Saskatchewan, dont le succès international allait grandissant.

Le soir du concert, le garçon crut que l'affaire était dans le sac. Électre n'avait rien perdu de sa réserve habituelle mais, peut-être à la faveur de l'agitation générale et de la musique, s'était laissé caresser sans broncher.

Ensuite, quand il lui proposa de la ramener chez elle, elle accepta aussitôt. Il eut le tort de ne pas remarquer le vide de sa voix et, dans sa joie, lui dit de prendre le volant: "Je ne t'ai pas encore appris à conduire la nuit."

Dix minutes plus tard, Électre entrait en collision avec un camion. Ce dernier n'eut rien, la jeune fille s'en tira avec une égratignure, mais le moniteur d'auto-école mourut sur le coup.

Depuis, la petite Genevoise était devenue de plus en plus renfermée. Les gens attribuaient cela à l'accident: "La pauvre ! Avoir tué son amoureux ! Que peut-il y avoir de pire ?"

En vérité, rien ne lui était plus indifférent que la mort du garçon. Si sa vie avait basculé le soir du concert, c'était pour une raison que personne n'imaginait: elle s'était prise d'une passion indicible pour la chanteuse. La présence de Saskatchewan dégageait autant d'énergie qu'un réacteur nucléaire; cette nuit-là, c'était comme si toutes les radiations de la Canadienne étaient retombées sur la jeune Suissesse. Cette dernière en avait

"... le soir du concert, c'était pour une raison que personne n'imaginait : elle s'était prise d'une passion indicible pour la chanteuse."

perdu la conscience du réel : elle n'avait pas senti les caresses de son ami et, quand elle conduisait la voiture, elle n'avait pas vu les phares du camion. C'était à peine si elle s'était rendu compte de l'accident. Il n'y avait plus place en elle que pour la belle rockeuse.

Elle ne tarda pas à abandonner ses études d'histoire de l'art. Elle entra en amour comme on entre en religion : elle quitta tout – sa ville, sa famille, ses amis, ses projets. Un an après, plus personne ne savait où elle se trouvait. On attribua cette fugue au traumatisme de l'accident. En vérité, Électre suivait la chanteuse, qui était la dernière à s'en douter. Quand Saskatchewan retourna au Canada, elle s'y rendit. Quand elle repartit en tournée en Europe, elle ne manqua aucun de ses concerts.

Pour ne jamais perdre la trace de son idole, la jeune fille avait dû se mêler à la cohorte des fans de la Canadienne. Ces gens la dégoûtaient : elle ne se sentait rien de commun avec ces zombis débiles qui achetaient à prix d'or des reliques aussi improbables que la première dent de Saskatchewan, un lacet de soulier de Saskatchewan, une photo d'elle à l'âge de cinq ans, une lettre d'amour de sa main, etc. Lors de ses concerts, les fans hurlaient, pleuraient, se déshabillaient ; Électre, elle, ne proférait aucun son : tétanisée d'amour, elle s'imprégnait de la présence de celle à qui elle vouait son existence.

Elle ne pouvait vivre loin d'elle. Elle était possédée au sens littéral du terme : satellite, elle ne jouissait plus d'aucune liberté – elle était aussi prisonnière que la Lune l'est de la Terre.

Que sa passion pût être qualifiée d'homosexuelle ne lui était jamais venu à l'esprit : Électre avait toujours été la pureté même et l'idée qu'il pût y avoir quoi que ce fût de charnel dans son obsession ne l'effleurait pas. Certes, la chanteuse était très belle et la petite Suissesse vénérait son image : mais cette adoration s'apparentait à celle qu'inspirent les icônes et cet attrait à celui qu'exerce un corps magnétique sur un projectile égaré.

Les choses n'en seraient peut-être pas arrivées à ce point de non-retour si, trois années après l'accident de Genève, un malentendu n'avait scellé cette possession. C'était à un concert de la rockeuse, à Paris. Le succès de Saskatchewan était devenu considérable et la soirée avait été encore plus triomphale que d'habitude. Électre avait réussi à se glisser dans les coulisses de manière à rencontrer la Canadienne à sa sortie de scène. Ce genre de conduite était fréquent et la star ne s'étonna pas, après les tonnerres d'applaudissements, de tomber sur une jeune fille avec un bouquet de lys blancs. C'est pourtant là qu'eut lieu un phénomène particulièrement étrange. La Suissesse murmura une phrase qui, au sens propre du terme, sidéra l'idole. Celle-ci ne trouva rien à dire resta bouche bée, prit les fleurs, les laissa tomber, saisit la jeune fille, la serra dans ses bras de toutes ses forces, puis soudain la rejeta en arrière et partit en courant.

Pour Électre, la Terre avait cessé de tourner pendant quelques secondes.

Des fans avaient assisté à cette scène incompréhensible. Ils se jetèrent sur la Genevoise et lui demandèrent ce qu'elle avait pu dire pour mettre leur déesse dans un pareil état. Ce fut là qu'apparut l'élément le plus bizarre de l'affaire : la jeune fille était incapable de se rappeler ce qu'elle avait dit. Ce moment, qui fut sans aucun doute le plus important de son existence entière, était marqué d'un blanc : elle se souvenait de tout, sauf de la phrase qu'elle avait prononcée une minute auparavant. Elle ne devait jamais s'en souvenir.

Les gens eurent beau la secouer, l'accuser de mensonge : les mots miraculeux restèrent emprisonnés dans sa mémoire.

Le lendemain matin, Électre prit sa décision : vu ce qui s'était passé la veille, elle devait aller parler à Saskatchewan. Il fallait qu'elle retrouve cette phrase et qu'elle comprenne la réaction de la chanteuse. Elle se rendit à la somptueuse villa que la célébrité s'était fait construire en Ile-de-France et sonna à la porte. Personne ne vint lui ouvrir. Elle n'en fut pas étonnée. Les gardiens ne laissaient sûrement pas entrer n'importe qui. Elle résolut alors d'attendre : quand la Canadienne sortirait, elle la reconnaîtrait et la recevrait chez elle.

Mais quand tomba la nuit, personne n'avait quitté la villa. La Suissesse s'avisa que, dans la maison d'en face, une chambre était à louer. Elle la loua et s'y installa.

Dès lors, elle ne quitta plus la fenêtre.

JOURNAL D'ÉLECTRE

30 novembre : Cela fait trois jours que j'habite ici et je n'ai toujours pas vu S. Pourtant je ne cesse pas de la guetter. Je suis assise en permanence sur l'appui de la fenêtre et je ne décolle pas les yeux de la villa d'en face : je fais tout – manger, boire, écrire – sans détacher mon regard de sa cible.

Ce que je ne comprends pas, c'est que je n'ai vu personne – ni elle ni quelqu'un d'autre – entrer ou sortir de chez elle. Or, il est hors de doute que la maison est occupée : les volets sont tour à tour ouverts et fermés, la télévision est allumée régulièrement.

Il me paraît normal que S. n'aime pas quitter son domicile : c'est le seul endroit où elle soit tranquille. Mais je suis étonnée de ne pas voir entrer chez elle un ami ou un garçon de courses : j'en conclus qu'elle ne manque pas de provisions et qu'elle fuit toute compagnie, même amicale.

1er décembre : Je n'ai toujours pas vu ni S. ni personne. Il y a encore une explication possible : elle et ses amis sont des oiseaux de nuit. Je passe mon temps près de la fenêtre, sauf quand je dors, c'est à dire de 2 heures du matin à 8 heures. Six heures de sommeil par jour, c'est peut-être trop : je devrais essayer de dormir moins, ou alors de changer mon horaire, histoire de pouvoir veiller toute la nuit. C'est décidé : ce soir, à minuit, je me prépare un café fort.

2 décembre : J'ai tenu le coup jusqu'à 8 heures du matin mais je n'ai vu personne. C'est normal, elle ne sort sûrement pas chaque nuit. Ce soir je recommence. Cela me sera

facile : j'ai dormi de 8 heures du matin à 14 heures. Je n'aurai pas sommeil avant l'aube.

3 décembre : Toujours rien.

4 décembre : Après trois nuits passées à veiller sans voir personne entrer ou sortir, je décide de reprendre un horaire normal.

Le genre de vie de S. me laisse perplexe. Qu'elle ne mette pas le nez hors de chez elle et qu'elle ne reçoive personne, je puis le comprendre : un succès aussi colossal doit rendre agoraphobe. En revanche, je suis effarée de la découvrir si maniaque : j'ai remarqué, par exemple, que chaque matin les volets étaient ouverts à 7h43. Ni 7h42 ni 7h44. Pile 7h43 et le soir, ils sont fermés à 19h pile – ni 19h01, ni 18h59. Je me demande si c'est elle qui donne des instructions aussi rigoureuses à ses gens de maison ou si ce sont ceux-ci qui sont ponctuels à ce point.

Hélas, je crois bien que c'est elle, la maniaque. Il n'y a pas que les volets : chaque jour, la télévision est allumée à 13h précises et éteinte à 13h30. Les informations de France 2, c'est sa religion, dirait-on. Le soir, je ne sais pas si elle allume le poste, à cause des volets. Mais je vois que la lumière du hall et de la cage d'escalier s'allume à 18h pile et s'éteint le matin à 7h. On se croirait à l'armée.

Si seulement la fenêtre de sa salle de séjour était plus grande ! J'enrage de voir si bien sa télévision – au point de savoir quel programme elle regarde – et de ne pas la voir, elle. Je me demande si cette disposition n'est pas soigneusement concertée : en effet, je ne vois jamais S. passer devant aucune vitre. Sans doute vit-elle dans la terreur d'être photographiée par un journaliste. Poussée à un tel degré, cette peur ne relève-t-elle pas de la paranoïa ?

Au fond, non. S. n'a pas tort de se croire observée...

5 décembre : J'ai repris mon ancien horaire : je dors de 2h du matin à 8h. Je n'ai toujours rien vu.

Vers 15h, je suis allée acheter à manger. Je n'avais plus quitté ma chambre depuis le 28 novembre. Cela faisait drôle, de marcher dans la rue. À l'épicerie, j'ai pris le même genre de provisions que la dernière fois : biscuits secs, chips, chocolat, Coca-Cola. Le genre d'aliments que l'on ne doit pas cuisiner et que l'on peut manger sans quitter son poste. Je ne suis pas allée à la laverie : j'ai encore du linge propre en réserve et je voulais perdre le moins de temps possible.

Par malchance, au retour, j'ai croisé ma logeuse. Elle s'est crue obligée de me tenir la jambe : "Ah, mademoiselle, j'étais si inquiète ! Je ne vous ai jamais vue sortir, je croyais qu'il vous était arrivé malheur. J'ai failli monter vous voir. Je ne voudrais pas être indiscrète mais que faites-vous toute la journée ?" Agacée, j'ai répondu que j'étais étudiante et que je préparais des concours. La vieille a continué : "Vous étudiez trop, vous allez tomber malade !

"...les volets continuent à s'ouvrir et à se fermer suivant le même rythme inexorable, comme la lumière du hall et la télévision qui s'allument à heures fixes."

Vous êtes déjà pâle et maigre. À votre âge, il faut sortir. Vous êtes jolie, vous n'avez pas de fiancé ?" Je n'ai rien dit. Elle a repris : "Je vous ai vue souvent à la fenêtre." J'ai coupé : "Alors, il ne fallait pas vous inquiéter de ma santé !" – "Vous savez ce que je crois ? Je pense que vous êtes une admiratrice de la chanteuse qui habite en face. Une fan, comme on dit aujourd'hui. Je suis sûre que vous l'observez." Là, j'ai failli la tuer. J'ai dit que je ne savais pas qui était cette chanteuse et je suis montée sans ajouter un mot. De quoi se mêle cette vieille folle ?

Une fan, moi ? Jamais. Si j'étais fan, je me coifferais comme S., m'habillerais comme elle, j'achèterais les objets imprimés à son effigie. Je ne fais rien de tout cela. J'aime S. d'un amour parfait que personne ne peut comprendre. Si seulement je me souvenais de la phrase que je lui ai dite et qui l'a tant ébranlée ! Quand elle se décidera enfin à sortir, je courrai à sa rencontre, elle me reconnaîtra, elle me répétera la phrase, elle me reprendra dans ses bras et je ne la quitterai plus jamais !

6 décembre : Toujours rien. Est-ce que je deviens folle ? Je suis persuadée qu'elle a quitté la villa juste quand je suis allée aux commissions, hier. Pire : j'en arrive à croire qu'elle a mis le nez dehors exactement quand la vieille était en train de me parler, dans l'escalier. J'ai envie de crier de désespoir !

En tout cas, S. est revenue chez elle : les volets continuent à s'ouvrir et à se fermer suivant le même rythme inexorable, comme la lumière du hall et la télévision qui s'allument à heures fixes. C'est fou ce qu'on idéalise les artistes ! On imagine qu'ils mènent la vie de bohème, que leur demeure est une fête perpétuelle. Ici, jamais le moindre son ni la moindre dérogation à cet horaire militaire. Je crois que S. souffre de lésions mentales. Je suis sûre que, si je vivais avec elle, je pourrais la guérir.

Quant à la vieille, j'ai envie de la tuer ! Cet après-midi, je me suis aperçue qu'elle m'observait de la rue. Quand elle a vu que je la voyais, elle a eu un sourire ironique, l'air de penser : "Mes soupçons étaient fondés." Elle me prend pour une voyeuse ? Elle ne s'est pas regardée ! Et puis, moi, c'est par amour que je guette S. Si la logeuse m'observe, c'est par curiosité malsaine. Je la hais !

7 décembre : La scène du concert a eu lieu le 25 du mois dernier. Je me suis installée dans cette chambre le 27. La veille, donc le 26, j'avais passé la journée dans la rue, au pied de la villa de S. Elle a pu sortir de chez elle le 26 au soir, quand j'étais allée chercher mes affaires à Paris, ou avant-hier, quand j'étais aux commissions. Il me paraîtrait cependant extraordinaire qu'elle ait attendu mes défections pour se promener. J'en conclus que, depuis le 25, elle n'a pas mis le nez dehors et n'a pas reçu la moindre visite. Ses gens de maison non plus ne se sont pas risqués à l'extérieur. Ils vivent comme s'ils étaient assiégés, et ce depuis douze jours.
Il va être 13h. J'observe la salle de séjour. Il n'y a pas d'incertitude : la télévision va s'allumer

pour les informations de France 2, me confirmant que S. est en bonne santé, puisqu'elle continue à s'intéresser au monde qui l'entoure. Pourtant, j'aimerais que le poste ne s'allume pas : j'aimerais découvrir qu'il y a une place, sinon pour la fantaisie, au moins pour l'imprévu, dans l'existence de ma bien-aimée.

13h pile, la télévision se met en marche. Je repense aux chansons de S., à leur folie, à leur sauvagerie. Or c'est elle qui compose paroles et musiques. Est-il possible que ces hymnes au délire aient été écrits par une malade qui vit comme une comptable ?

Peut-être l'art a-t-il ce genre d'exigences. Peut-être les artistes doivent-ils se soumettre à des horaires très stricts, à des règles monacales, pour stimuler leur inspiration. Ce n'est pas du tout ce que S. disait dans ses interviews : elle parlait de son goût pour la vie nocturne, les balades en forêt avec ses chiens, les voyages intempestifs. Certes, mentir aux journalistes est une attitude que je comprends ; je comprends moins qu'elle mente dans ses chansons.

Je m'efforce de ne pas la juger. De toute façon, quoi qu'elle fasse, elle doit avoir ses raisons.

8 décembre : Toujours rien, si ce n'est que j'ai relu mon journal et que j'ai été frappée par une évidence : j'y mentionne les chiens de S. Mais ces bêtes, je ne les ai jamais aperçues, ni même entendues ! Or, si un être humain peut vivre cloîtré, un chien a besoin de sortir chaque jour. Et cela fait deux semaines que ceux de S. n'ont pas montré leur museau. Je ne comprends pas ! Je ne peux croire qu'elle en ait confié la garde à qui que ce soit. Dans ses interviews, elle parle d'eux avec une telle tendresse : elle dit qu'elle ne peut pas vivre sans eux. Je ne peux pas croire non plus qu'elle les ait inventés : elle appelle chaque chien par son prénom, elle détaille leurs personnalités respectives.

Il y a encore une possibilité : S. est dingue – folle à lier, mythomane au dernier degré, et qui plus est paranoïaque au point de ne jamais apparaître même derrière une fenêtre. Son esprit malade s'est inventé une vie d'aventurière alors qu'elle mène une existence de couventine obsédée par ses horaires. Une double personnalité, en somme : il paraît que la schizophrénie est très répandue dans le show-business.

J'avoue que j'ai beaucoup de mal à accepter cette hypothèse. Quand elle serait vraie, je n'en aimerais pas moins S., mais j'aurais moins de plaisir à l'aimer.

"Elle se rendit à la somptueuse villa que la célébrité s'était fait construire en Ile-de-France et sonna à la porte. Personne ne vint lui ouvrir. Elle n'en fut pas étonnée."

9 décembre : Cette nuit, j'ai fait un rêve. Je me trouvais dans un superbe jardin – peut-être celui que cache la villa. S. était assise dans l'herbe avec des amis, elle parlait avec eux, elle riait. Je m'approchais de leur groupe et elle me découvrait. Elle m'appelait par mon nom, son visage se mettait à rayonner dès que sa main m'effleurait. Elle me présentait à ses amis en disant : "Voici ma petite sœur, mon âme, ma bien-aimée." Elle me serrait dans ses bras. Elle resplendissait. Sa chevelure rasta blond platine dégageait une auréole, comme si elle était une sainte. Soudain, ma bouche s'ouvrait et je lui parlais dans une langue que je ne comprenais pas, une langue qui ressemblait à de la musique sacrée. Mes paroles la

métamorphosaient : elle devenait blême, ses yeux se figeaient, elle se mettait à marcher à reculons, comme aspirée par une force mystérieuse.

Au moment de disparaître dans des buissons noirs, elle criait : "Ne me laisse pas seule ! Viens me chercher !" Ensuite, les branches sombres s'emparaient d'elle et l'avalaient.

Je me suis réveillée en sursaut, inondée de sueur glaciale. Je ne sais pas ce que je dois penser de ce rêve. N'a-t-il aucune signification réelle ? N'est-ce pas ma prétention qui me suggère que S. partage mon amour et a besoin de moi ? Ou faut-il y voir un signal, un appel au secours ? Je suis horriblement inquiète.

J'attends 13h avec impatience. Si la télévision s'allume, c'est qu'elle va bien. Si elle ne s'allume pas… Aurai-je le courage de sonner à sa porte ? Et à supposer qu'on m'ouvre, que dirai-je ? "J'ai rêvé que Saskatchewan m'appelait à l'aide" : on me prendrait pour une fan imbécile, on me rirait au nez !

13h. Les informations de France 2 apparaissent sur l'écran. Ouf ! Ce n'était qu'un cauchemar.

Je vais finir par me réjouir que S. vive comme une comptable : aussi longtemps qu'elle ne dérogera pas à son sacro-saint horaire, je ne douterai pas de sa bonne santé.

10 décembre : Et si ce rêve avait une autre signification, de l'ordre du symbolique ? Par exemple, j'ai été frappée par l'omniprésence du visage de S. Il était sans cesse en gros plan, que je le voie de très loin – au fond du jardin – ou de très près – quand elle me serrait dans ses bras. Comme si cette figure avait quelque chose à me transmettre.

D'autre part, la scène dans laquelle je l'avais surprise correspondait à l'idée que je m'étais forgée à son sujet : couchée dans l'herbe, riant avec ses amis, cette Saskatchewan-là ne pouvait pas être celle qui se terrait au sein d'un monastère rythmé comme une caserne.

S'il me fallait une confirmation, je la trouverais précisément dans son visage, qui contenait, je le crois de plus en plus, ce message essentiel : cette figure d'animal sauvage, ces yeux brillants, ce regard intense et toujours guetté par l'angoisse – ce visage magnifique et passionné ne pouvait pas être celui d'une comptable rancie. Et la générosité spontanée avec laquelle elle m'avait accueillie et présentée à ses amis ne pouvait provenir d'une pauvre paranoïaque ne se montrant jamais à la fenêtre.

Alors de deux choses l'une : soit ce rêve est une consolation inventée par mon inconscient pour corriger la sinistre image de S. qui est pourtant l'incontestable réalité ; soit il me révèle la vérité de S. – auquel cas je dois y voir un signal d'alarme.
Le SOS pourrait m'avertir de ceci : "Je suis prisonnière d'un manager tyrannique qui me force à vivre comme une prisonnière : ma belle villa est un pénitencier. À l'aide !" J'ai envie de le croire. Mais c'est tellement invraisemblable.

Pas plus invraisemblable que l'autre hypothèse cependant : plus de quinze jours de réclusion volontaire et totale ! Car je n'ai toujours pas aperçu âme qui vive dans cette demeure. Même si S. est la dernière des maniaques, je ne comprends rien à ce phénomène.

11 décembre : Toujours rien. Je crois que je suis devenue folle ; j'ai fait quelque chose de ridicule et qui, je le crains, me démasque : je suis allée frapper à la porte de ma chère logeuse. La vieille s'est montrée aussi surprise que ravie de ma visite : "Entrez, chère mademoiselle, venez vous asseoir !"

Je me suis exécutée, raide et empruntée. Pendant qu'elle me servait une tasse de thé et des gâteaux secs, je lui ai parlé de choses anodines, afin de noyer le poisson. Ma maladresse était telle que je n'ai pas dû faire illusion : Suis-je votre première locataire ?

– Depuis que la chanteuse s'est installée en face, de nombreux jeunes gens de votre âge sont venus loger ici quelque temps. Auparavant, cette chambre n'intéressait personne.

– Comme c'est étrange !

– Oui, n'est-ce pas ? Passer son temps à la fenêtre pour apercevoir une vedette !

– Euh... non, je voulais dire, une chambre si agréable aurait dû attirer les locataires tout de suite.

– Ah bon. Et vous, pourquoi êtes-vous venue vivre ici, loin des distractions qui plaisent aux jeunes ?

– J'aime le silence. C'est très calme ici. Justement cela m'intrigue. Vous dites qu'une chanteuse habite en face. Or on ne l'entend jamais chanter."

– Tant mieux ! A la télévision, j'ai pu l'entendre : c'est de la musique atroce pour les sauvages.

– Comment s'appelle cette chanteuse ?

– Oh, un nom imprononçable, pas français en tout cas.

– À quoi ressemble-t-elle ?

– Elle est horrible. L'air d'une dingue, coiffée comme une négresse alors qu'elle a les cheveux décolorés en blond platine. On n'a pas idée !

En disant cela, j'ai bien vu que la vieille guettait mon visage, espérant une réaction indignée. J'ai eu du mal à me contenir :

– C'est curieux, je ne l'ai jamais aperçue.

– Oui, on la voit moins, ces derniers temps. C'est une dépravée, elle doit avoir des choses à cacher.

– Avant, on la voyait davantage ?

– On ne l'a jamais beaucoup vue, mais on la voyait parfois avec ses sales clébards et des amis douteux, des garçons à longs cheveux, des filles coiffées en brosse – le contraire de ce que ça devrait être. Vous au moins, mademoiselle, vous êtes une jeune fille convenable.

C'était tout ce que je voulais savoir – et plus que je ne pouvais supporter. J'ai trouvé un prétexte pour remonter dans ma chambre. La logeuse n'est pas dupe, mais je m'en fiche.

Ainsi, auparavant, S. sortait de chez elle ! Elle menait le genre de vie que l'on pouvait attendre d'elle ! Il a dû lui arriver quelque chose. C'est décidé : cette nuit, dès qu'il fera noir, j'irai frapper à sa porte. Et si l'on ne m'ouvre pas, je trouverai un moyen pour entrer.

Le soir même, Électre revêtit un pantalon noir et une veste noire. À la porte de Saskatchewan, personne ne lui ouvrit. Elle hésita, puis elle enjamba la haute haie. Elle contourna la villa et arriva dans un grand jardin : elle poussa un cri de stupeur en découvrant qu'il était parfaitement identique à celui de son rêve – avec entre autres les fameux buissons noirs, au fond. Son premier réflexe fut de fouiller ces derniers : elle n'y trouva rien, ce qui la rassura à peine. Comment ne pas croire, désormais, que son cauchemar avait été prémonitoire ?

Elle put entrer dans la maison de la manière la plus simple et inattendue : par la porte de la cuisine qui n'était pas fermée à clef. À son grand étonnement, aucun signal d'alarme ne retentit : elle avait imaginé qu'une demeure dont les habitants étaient aussi maniaques serait équipée d'un impressionnant dispositif de sécurité. Ce fut alors qu'elle se rappela l'existence des chiens : "Avec quatre bull-terriers chez soi, on ne doit pas avoir peur des voleurs", pensa-t-elle. Oui, mais où étaient-ils, ces chiens ? Ils auraient déjà dû flairer la présence de l'intruse et se mettre à aboyer comme des fous. Or il régnait dans cette villa un silence palpable. Électre quitta la cuisine pour la salle de séjour ; dès qu'elle y entra, la lumière s'alluma. La jeune fille sursauta, car elle crut que quelqu'un la guettait. Mais ce n'était qu'un système de commutateur automatique.

Elle n'en revenait pas d'être là : elle avait le sentiment d'avoir violé un temple, de se promener au cœur du sanctus sanctorum. "Et dire que je me terrais en face depuis plus de deux semaines, alors qu'il suffisait de pousser la porte !" Elle admira le mobilier du salon : il était constitué d'un agglomérat de chewing-gum longuement mâché et de fibre de verre (pour la solidité). La jeune Suissesse comprit pourquoi, dans la plupart de ses interviews, la Canadienne déclarait collectionner les vieilles chiques de ses fans. Ces derniers semblaient avoir bien reçu le message, à en juger d'après le gigantisme de certains meubles couleur de mastic – "Devrais-je dire couleur de mastication ?" se demanda-t-elle.

Les vases regorgeaient de fleurs fanées d'une beauté extrême : "Ce goût pour les roses mortes ne m'étonne pas ; Saskatchewan est une lectrice d'Oscar Wilde." À peine le nom de cet écrivain était-il passé par son esprit qu'elle avisa, sur le mur, un superbe tableau à l'effigie de sa bien-aimée. Électre fut bouleversée par sa grâce : "Puisse sa splendeur ne jamais se flétrir, à l'exemple de celle de Dorian Gray !"

Elle s'en voulut aussitôt de son souhait en se rappelant ce qui était arrivé au personnage qu'elle venait d'invoquer.

"Ses bull-terriers sont-ils devenus des agneaux ? Ils n'ont toujours pas aboyé ! Enfin, je ne vais pas m'en plaindre", se dit-elle en continuant son exploration. Elle déboucha dans le hall d'entrée, celui qui était éclairé de 18h à 7h du matin.. Elle sourit parce qu'elle connaissait bien cette face-ci de la villa : c'était celle qu'elle avait observée sans arrêt depuis des jours. Elle savait qu'en montant au premier étage, elle arriverait au salon de la télévision, dont les volets étaient ouverts de 7h43 à 19h. Son cœur se mit à battre très fort à l'idée qu'elle allait peut-être tomber sur sa bien-aimée en train de regarder une émission quelconque. Mais la télévision était éteinte et il n'y avait personne.

"C'est bizarre : il doit être à peine 20h et pourtant, on dirait que tout le monde dort dans cette maison. Quel silence !"

Plus loin, un couloir donnait accès à plusieurs chambres closes. Électre fut intriguée par une odeur étrange. Il lui fallut un certain temps pour admettre que cela empestait : "Comment une femme aussi raffinée que Saskatchewan peut-elle vivre dans cette puanteur ?"

Elle ouvrit une première porte et déboucha sur la salle de bains. La lumière s'alluma automatiquement. La jeune fille poussa un cri d'horreur devant le spectacle qui l'attendait : dans la baignoire pleine d'eau gisaient, ventre à l'air, les corps des quatre chiens, gonflés comme des outres. Leur noyade devait être ancienne à en juger d'après le remugle pestilentiel et l'état de décomposition des animaux : si l'intruse n'avait pas su qu'il s'agissait de bull-terriers, elle les eût pris pour des bouledogues obèses, d'après leurs visages bouffis et leurs panses gorgées comme des éponges. On eût cru qu'ils étaient constitués de mie de pain trempée si le bouillon de culture dans lequel ils marinaient n'avait signalé la nature charnelle de cette pourriture.

"Ses bull-terriers sont-ils devenus des agneaux ? Ils n'ont toujours pas aboyé !"

La Suissesse aperçut, sur le bord du lavabo, un paquet vide de somnifères : elle comprit qu'on avait endormi les chiens avant de les immerger dans le bain. Mais qui, "on" ? Qui avait pu commettre une telle abomination ?

Hélas, elle avait l'impression de le savoir. Ce qui jusqu'à présent n'avait été qu'une impression vague tournait à la certitude : la chanteuse était devenue dingue. Un accès de démence l'avait poussée à assassiner ses bull-terriers qu'elle adorait. Et maintenant, après avoir renvoyé ses gens, elle cachait sa folie au monde. Dans quel état allait-elle la trouver ?

La lumière inonda la chambre somptueuse où elle entra. Sur le lit blanc était étendue une gisante qu'elle identifia aussitôt.

De loin, la morte était gracieuse. Électre ne s'approcha pas tout de suite : elle devinait que, de près, le spectacle serait moins joli. La tête de Saskatchewan était penchée vers la gauche, révélant le trou rouge de sa tempe droite et le calibre 38, encore empoigné dans la belle main fine. Elle portait une longue robe en dentelle blanche et, à condition de se pincer le nez, on pouvait avoir de cette défunte pâle et blonde une vision du plus haut romantisme – du genre "le suicide d'Ophélie".

La jeune fille bloqua sa respiration et vint près du lit. L'auteur de ce texte éprouve le plus profond respect pour l'amour infiniment pur de son héroïne : pour cette raison, en dépit de sa délectation manifeste à décrire la pourriture des corps, il s'abstient. Il se contente de ce détail insolite : comme la mort remontait à seize jours, les cheveux de la Canadienne avaient eu le temps de pousser d'un demi-centimètre. Cette pousse nouvelle n'avait pu être ni teinte ni traitée, elle n'était donc ni rasta ni blond platine, mais raide et d'un noir de suie.

Devant ce cadavre déjà défiguré, Électre pensa à son souhait irréfléchi face au tableau du salon : au fond, l'histoire de son idole s'achevait comme celle de Dorian Gray – une image sublime, un corps en décomposition et un mystère.

Ce fut alors qu'elle aperçut une lettre manuscrite sur la table de chevet :

"Ce soir, sans le savoir, j'ai donné mon dernier concert. À ma sortie de scène m'attendait, backstage, une fille avec des lys blancs : rien que de très banal. Mais elle m'a dit une phrase plus précieuse que la vie et, suite à cela, je ne me sens pas capable de respirer une heure de plus. J'ai donné congé à tout le monde, j'emmène les chiens avec moi. Adieu.

"Saskatchewan, le 25/11/1992."

Électre jeta un ultime regard sur ce qui restait de sa bien-aimée. Elle emporta la lettre, téléphona à la police sans révéler son identité et disparut.

Les journaux du lendemain annonçaient le suicide de la chanteuse avec ce commentaire :

"D'après les experts, la mort remonterait à une quinzaine de jours. Les voisins ne s'étaient aperçus de rien : en effet, la villa était équipée d'une programmation électrique qui faisait s'allumer et s'éteindre les lumières, et s'ouvrir et se fermer les volets à heure fixe. La voisine d'en face, une dame âgée, nous a confirmé que cette maison donnait l'illusion de la vie : elle a précisé que même la télévision s'allumait régulièrement.

"La thèse du suicide est hors de doute et confirmée par la mort insolite des quatre chiens de la star. Les gens de maison ont confirmé que la chanteuse avait pour habitude de laver elle-même les bêtes dans la baignoire : elles adoraient cela, paraît-il. Avant leur dernier bain, leur maîtresse leur avait fait avaler force somnifères, trouvant sans doute cette mort moins angoissante pour eux que quatre coups de revolver successifs ?"

"La cause du suicide reste mystérieuse. L'univers de la chanteuse était certes sombre, comme le confirment ses titres les plus célèbres, "La vie est trop longue" et "Ni fleurs ni couronnes". Rien, cependant, ne permettait de croire qu'elle voulait mettre fin à ses jours. Sa mort volontaire la fige désormais dans une image mythique."

Électre ne se rappela jamais la phrase.

Amélie Nothomb

"D'après les experts, la mort remonterait à une quinzaine de jours. Les voisins ne s'étaient aperçus de rien : en effet, la villa était équipée d'une programmation électrique qui faisait s'allumer et s'éteindre les lumières, et s'ouvrir et se fermer les volets à heure fixe. La voisine d'en face, une dame âgée, nous a confirmé que cette maison donnait l'illusion de la vie : elle a précisé que même la télévision s'allumait régulièrement."

Prise programmable, Legrand, modèle Sagane Xelio.

Olivier Frébourg

Olivier Frébourg est né le 14 septembre 1965 à Dieppe. Enfance et jeunesse en Normandie et aux Antilles françaises.

En 1989, il signe son premier essai, *Roger Nimier, trafiquant d'insolence* (Éditions du Rocher, prix des Deux-Magots 1990). Ce petit livre conçu comme un guide Baedecker sur l'un des hussards des années cinquante, qui réconciliait Benjamin Constant et James Dean, peut aussi être lu comme un récit d'apprentissage.

En 1991, publication de *Basse saison* (Albin Michel), premier roman qui s'ouvre en Normandie et finit aux îles Borromées. Le narrateur, jeune homme qui aurait voulu être un feu follet, passe sa vie à attendre : les femmes,l'argent, l'action.

Le 31 décembre 1990, en compagnie de Thierry Ardisson, Frédéric Berthet, Patrick Besson, Alain Bonnand, Jean-Michel Gravier, Marc-Édouard Nabe, Eric Neuhoff et Jean-René Van der Plaetsen, Olivier Frébourg s'enferme dans une chambre de l'hôtel Meurice pour écrire en douze heures *Les Années 80 : dix ans pour rien ?* (Éditions du Rocher).

Parce qu'il est impossible de comprendre notre époque si l'on ne remonte pas aux années noires, à la France de Vichy et de la Résistance, Olivier Frébourg publie en 1994 *La vie sera plus belle* (Albin Michel) : portrait d'un jeune résistant trop égotiste pour se plier aux logiques collectives. Un roman d'action, pour une histoire au fil du rasoir. Journaliste : il a travaillé pour plusieurs quotidiens nationaux et signe des reportages pour *Le Figaro Magazine* et *Grands reportages*. Éditeur : il a été conseiller littéraire aux Éditions du Rocher. Depuis 1992, il est directeur littéraire des éditions de La Table ronde. Il a notamment préfacé des œuvres de Paul Morand, Louis Branquier et Henry de Montherlant.

"C'est le lendemain à la télévision que nous avons appris l'invasion du Koweit par l'Irak. "

Une Actualité Brûlante

PAR OLIVIER FRÉBOURG

Cette année-là, il y eut la guerre et une histoire qui n'intéresse que moi. J'avais été incorporé, le 1er août, à Saint-Cyr. Il faisait très chaud. Je ne souhaitais pas faire mon service militaire. Je menais une vie légère, aléatoire, dépourvue de tout engagement. Trois jours plus tôt, à Belle-Ile, par un après-midi de plein soleil qui rendait le paysage silencieux, j'étais monté sur un rocher. J'avais rêvé au cardinal de Retz qui avait séjourné ici, à mon oisiveté, à la douceur de l'océan, à la fin de mon sursis. Quatre mètres plus bas, je me réveillai, le pied droit en sang, la cheville brisée. L'armée ne voulut pas me réformer. Je partis sous les drapeaux, sur des béquilles, blessé et suturé avant même d'avoir conquis mes galons. Je ne souffrais pas.

Saint-Cyr me rassurait. Cette île au cœur de l'Ile-de-France avait hébergé Mme de Maintenon et Racine. J'allais d'ailleurs y enseigner l'histoire. Le capitaine, chargé de notre instruction militaire, commença à me persécuter. Un soldat sur béquilles était un élément incontrôlé, donc subversif, un obstacle à la "cohésion du groupe". Il nous appelait les "brillants" parce que nous avions tous le bac. L'infirmerie me recueillit. Le médecin-capitaine, une femme d'une trentaine d'années, avait troqué son uniforme contre un bermuda et des escarpins. Cette tenue peu réglementaire allait bien à ses cheveux blonds coupés au carré et à ses yeux bleus : "On va s'occuper de vous", dit-elle en me caressant le mollet.

C'est le lendemain à la télévision que nous avons appris l'invasion du Koweit par l'Irak. Nous étions dans la salle de garde de l'infirmerie. Il y avait l'adjudant-chef Van der Merscht, l'aspirant médecin Moreau, l'ambulancier Dumonet, l'infirmier Colin et moi allongé sur l'un des deux lits. Il y eut un grand silence et l'adjudant-chef Van der Merscht s'est exclamé : "Ah, les cons !"

Le lendemain, toutes les bases militaires françaises étaient en état d'alerte. Je passais mon temps dans la salle de garde à dormir ou à lire *Vingt ans après* et *Le Vicomte de Bragelonne*. Cela m'avait semblé naturel de partir au service militaire avec Dumas: "D'Artagnan n'avait pas manqué aux circonstances mais les circonstances avaient manqué à d'Artagnan." Les fenêtres de l'infirmerie restaient ouvertes et j'avais l'impression de vivre dans un pays méditerranéen, de regarder la vie d'un balcon qui donnerait sur une plantation d'orangers. Un après-midi, je vis mes camarades de promotion creuser, sous un soleil africain, un trou à l'entrée du camp. J'observai la scène à la jumelle. Le commandement craignait les attentats, les commandos-suicides. La consigne était formelle: si nous trouvions une bombe dans l'enceinte, nous avions ordre de nous en emparer, de courir et de la jeter au fond du trou.

Le médecin-capitaine féminin s'inquiétait de l'état de ma blessure. Elle m'envoya consulter un chirurgien orthopédique à Versailles. Un jour de canicule, l'ambulancier Dumonet me conduisit à bord d'un fourgon sanitaire, sirène hurlante, à l'hôpital des armées Dominique-Larrey. Un médecin principal, sobre et compétent, m'examina :

– C'est du sérieux ! Il serait plus raisonnable que je vous garde dans mon service.

Août dans un hôpital militaire, la chaleur, l'odeur de l'éther, la nourriture infecte, les autres malades qui hurlaient dans la nuit, j'étais au seuil de l'évanouissement.

– Mon commandant, je ne supporte pas l'enfermement. Dans un mois, je dois prendre mes cours. Tous mes camarades auront le droit à une permission à la fin de leurs classes. Laissez-moi rentrer chez moi.

– Où habitez-vous ?

– Paris.

Il regarda alors le volume de Dumas que j'avais emporté pour lire dans la salle d'attente.

– C'est quoi, ce bouquin ?

– *Vingt ans après*, mon commandant, d'Alexandre Dumas.

– Mon écrivain préféré, dit-il d'un ton rêveur.

Nous parlâmes pendant un quart d'heure des mousquetaires.

– Bien, me dit-il, à la fin de la consultation. Je vous donne deux semaines de permission à titre de convalescence. Mais, tous les deux jours, vous viendrez ici pour refaire votre pansement. Et je vous préviens : à la moindre alerte, je vous garde pour de bon.

Je retrouvai la liberté, Paris l'été, le bonheur d'un verre à la terrasse d'un café. J'étais un permissionnaire. Trois fois par semaine, sur mes béquilles, je prenais le train à Montparnasse pour la gare de Versailles-Chantiers où un taxi m'emmenait à l'hôpital Dominique-Larrey.

C'est dans la salle des pansements que je fis la connaissance d'Hélène. Elle était élève infirmière, engagée volontaire. C'est toujours humiliant pour un homme de se montrer à moitié nu devant une femme jeune et belle, qui doit désinfecter une plaie peu esthétique et nettoyer votre pied à l'eau oxygénée. Je plaisantais pendant les soins pour dédramatiser ma gêne et me disais que les yeux verts et myopes d'Hélène ne voyaient pas cette horreur si humaine. J'avais immédiatement aimé ses lunettes rondes en écaille parce que je m'étais demandé si elle les enlevait pendant l'amour. Elle avait des cheveux châtains tirés en arrière et retenus par un élastique fantaisiste d'un bleu nuit appelé "chouchou". Elle était originaire de Villefranche-sur-Mer et une pointe d'accent du Midi me donnait l'illusion qu'en sortant de la salle des pansements j'allais emmener Hélène à la plage. Je m'attachais parfois à ses chevilles – elle portait des sabots blancs –, à ses mains qui étaient pour moi l'exquise douceur, à ses ongles, à la racine de ses cheveux, à ses oreilles. Je lui avais demandé pourquoi elle s'était engagée : son grand-père avait servi dans la 2e DB, son père était capitaine de vaisseau, adjoint du préfet maritime de Toulon, et son frère polytechnicien. Je lui avais dit que ça ne devait pas rigoler tous les jours dans sa famille et elle avait éclaté de rire.

Ma permission touchait à sa fin. À ma dernière visite, j'offris à Hélène un bouquet de petites roses orangées que j'avais acheté au rez-de-chaussée de l'hôpital.

– Votre cicatrice est très belle, me dit-elle en enlevant le pansement.

– C'est dommage ! Je ne vais plus vous revoir.

Elle ne répondit pas et eut un sourire tout en continuant les soins. Cette fille avait l'habitude d'être draguée par des militaires, appelés ou engagés, secondes classes ou généraux en retraite : ils devaient tous tomber sous son charme. La retenue et le naturel faisaient partie de son éducation et de sa vocation d'infirmière.

– Je vais en stage à Bordeaux, dit-elle.

– Vous ne reviendrez pas ?

– Pas avant la fin de l'année.

Elle me serra la main, me remercia pour les fleurs et m'appela par mon prénom. Maigres indices pour me convaincre de ma séduction. Et, pour la première fois, elle ne me raccompagna pas jusqu'au bout du couloir. Au lieu de prendre l'ascenseur, j'empruntai les escaliers comme pour m'infliger une punition.

Les mois passaient. L'Occident avait formé une coalition contre l'Irak, la guerre paraissait inéluctable. Les militaires retrouvaient une raison d'être. L'adjudant-chef Van der Merscht avait préparé son paquetage. Notre capitaine de compagnie était ravi : nous allions partir pour le golfe Persique. La vie à Saint-Cyr n'était pas désagréable. Mes camarades et moi donnions des cours à des enfants de militaires et à des officiers. Saint-Cyr faisait parfois songer à un club. Il y avait la taverne des Grognards où nous buvions des cognacs et jouions au billard, une bibliothèque, un parc, une piscine, des terrains de tennis et une salle d'escrime. Je pensais à Hélène, mais le temps finit par effacer son beau regard de myope.

En janvier, l'Histoire s'accéléra. Les Alliés déclenchèrent une offensive contre l'Irak. L'opération "Lagon" entrait dans sa phase meurtrière. À Saint-Cyr, nous mimions la guerre. Les gardes avaient été doublées, les permissions suspendues. Plusieurs cadres et pères d'élèves avaient rejoint le terrain des opérations. Un matin, noir et glacial, à la fin du rassemblement, le capitaine de notre compagnie prit la parole :

– Les brillants, nous avons l'honneur de recevoir pendant une semaine une section du personnel féminin du service de santé des armées qui restera à Saint-Cyr pour une période d'instruction militaire. J'ai bien dit instruction militaire ! Vous m'avez compris, les brillants ? Inutile de vous dire que le premier qui ennuierait une de ces filles ou toucherait un de ses cheveux serait immédiatement muté dans un régiment disciplinaire, sanctionné, cassé, brisé !

Nous étions habitués à Saint-Cyr à vivre avec des femmes. Plusieurs d'entre elles étaient même sous-officiers. J'avais la conviction qu'Hélène se trouverait dans cette section. Je la revis pour la première fois à la taverne des Grognards. Elle était en treillis, me salua militairement et rejoignit un groupe d'ambulancières et d'infirmières. Sa froideur me laissait triste.

Le lendemain soir, j'étais de garde comme chef de poste. La guerre du Golfe, les mesures de sécurité, le manque de personnel avaient amené le colonel à exiger que tout personnel en stage à Saint-Cyr – la formation était notre spécialité – montât la garde en fonction de son grade. Lorsque je me présentai au "bâtiment de semaine" pour prendre le matériel et le commandement de ma section, je découvris qu'Hélène et une ambulancière faisaient partie des plantons. Comme le règlement l'exigeait, je mis la section au garde-à-vous et l'emmenai au pas vers le poste de garde, une petite maison située à l'entrée du camp. L'officier des services généraux m'y attendait.

– Chef de poste, me dit-il à part, les deux caporaux féminins dormiront dans la salle Lyautey où ont été installés deux lits de camp. Faites gaffe que vos hommes n'aillent pas les emmerder ! Je vous tiens responsable du moindre incident. Bon courage tout de même ! Il paraît que cette nuit on va atteindre des records de froid.

Je saluai. Enfin je me retrouvais seul maître à bord. Je distribuai les tours de garde et formai les binômes. Hélène serait avec Gonzales, un type pas très bavard et introverti qui n'aurait pas la trempe de la draguer. Ils veilleraient de vingt à vingt-deux heures, puis de deux à quatre heures. J'étais partagé entre un désir de vengeance et de séduction. Pourquoi Hélène m'avait-elle battu froid ? Pas un regard, pas un sourire. Dans son treillis et sous son béret bleu, sa féminité semblait encore plus naturelle. Et tous ses gestes avaient une élégance précise qui contrastait avec notre démarche lourdaude. Même en plein hiver, sa peau conservait une couleur ambrée. Je sortis du râtelier les fusils d'assaut, comptai le nombre de balles réelles, vérifiai les chargeurs. Le binôme numéro 1 prit son tour, les binômes numéros 2 et 3 allèrent dîner.

Le poste de garde était l'un des endroits les plus agréables de Saint-Cyr. Il y régnait l'hiver une atmosphère chaleureuse et de bien-être qui contrastait avec la température de l'Île-de-France. Je réglai le thermostat et pensai à ces pauvres types qui crevaient de chaud en Arabie Saoudite. Ici, c'était l'hiver ; là-bas, la canicule. J'avais dans la poche de mon pantalon de treillis un roman noir que je ne lus pas cette nuit-là et une flasque de rhum Trois Rivières, excellent remède contre l'attente et le froid. Un poste T R P P 13 me reliait à une section qui dormait en tenue camouflée à l'autre extrémité du camp. Des milliers de kilomètres nous séparaient du front mais nous faisions comme si l'ennemi se trouvait de l'autre côté de la barrière.

À vingt heures, j'écrivis dans le cahier d'événements : "Binôme numéro 2 prend la garde. Rien à signaler." C'était l'heure de mon tour de ronde.

– Gonzales, tu me remplaces au poste. Tu notes les appels téléphoniques. Je fais le circuit bleu.

Je laissai Hélène dans le froid, et Gonzales, un habitué des gardes, dans la douceur du poste. Un vent mordant m'empêchait de marcher aussi vite que je le voulais. Ma parka me semblait bien estivale pour une température que seuls les chasseurs alpins devaient avoir l'habitude d'affronter. Mais, enfin, j'avançai à la lisière de la forêt. Les arbres décharnés ressemblaient à des vieillards crochus prêts à s'abattre sur moi. Je trompais l'hiver, la nuit et la guerre en pensant à Hélène. Je devais trouver un moyen pour lui parler en tête à tête.

" En janvier, l'Histoire s'accéléra. Les Alliés déclenchèrent une offensive contre l'Irak. L'opération "Lagon" entrait dans sa phase meurtrière. À Saint-Cyr, nous mimions la guerre, les gardes avaient été doublées, les permissions suspendues."

Au retour, je vis sa silhouette de dos qui sautillait d'un pied sur l'autre. Je n'osai l'aborder et rentrai à l'intérieur. Je retrouvai avec bonheur la chaleur du poste.

– Putain de temps ! Rien à signaler ?

– Rien à signaler !

J'enlevai ma parka et sortis ma flasque de rhum.

– Tiens, Gonzales ! Ça te réchauffera avant de remettre le nez dehors.

– Merci, chef ! On est mieux ici que sous la guérite. Peut-être que le caporal féminin voudrait boire aussi un coup.

– T'as raison ! La pauvre doit geler. Reprends ton fusil et dis-lui de venir.

Gonzales enleva son béret, remit son casque lourd et sortit.

Elle frappa :

– Vous m'avez demandé, chef ?

Je me raclai la gorge.

– J'ai du rhum. Vous en voulez ? Mais par pitié, ne m'appelez pas chef.

Elle ôta son casque lourd. Ses cheveux châtains brillaient comme l'eau brille parfois avant l'aurore. Elle avala une bonne rasade. Je trouvai ce mouvement particulièrement fascinant surtout quand elle renversa la tête et que sa gorge se révéla sous le foulard bleu de Saint-Cyr.

– Ce n'est pas trop dur ?

– Si ! Il fait terriblement froid.

Elle renifla. J'avais l'impression d'être un planqué et un salaud en laissant dehors cette fille pour laquelle j'avais le béguin.

Elle s'approcha du radiateur sur lequelle elle posa ses mains.

– Quel délice !

Elle se retourna. Elle me faisait face, les jambes collées contre le radiateur. Ses lunettes étaient embuées, ce qui rendait son regard encore plus flou et plus lointain. Ses yeux me faisaient penser à deux feux perdus dans la brume marine. Je me tenais debout derrière mon bureau. Le grésillement du T R P P 13 empêchait le silence d'être trop pesant.

– Pour une fille du Sud, ça ne doit pas être évident, ce froid polaire.

– C'est l'horreur, dit-elle d'une voix très douce. Mais le service c'est le service.

Au fond de moi, je me foutais du service, de la nation, de Saint-Cyr. Il y avait Hélène et le monde s'écroulait.

– Merci pour ce répit, dit-elle en fermant les boutons à pression de sa parka.

Par la fenêtre, je la vis rejoindre son poste. À 22 heures, le binôme numéro 3 montant remplaça le binôme numéro 2 descendant. Hélène alla se coucher dans la salle Lyautey. Je n'arrivais pas à lire, à me concentrer. Ce poste de garde évoquait une thébaïde. Nous étions hors du monde, loin du bruit. Le temps s'écoulait et rien d'autre ne comptait. La guerre du Golfe avait quelque chose d'irréel. La chaleur de la pièce convenait à ma

"Ma parka me semblait bien estivale pour une température que seuls les chasseurs alpins devaient avoir l'habitude d'affronter. Mais, enfin, j'avançai à la lisière de la forêt. Les arbres décharnés ressemblaient à des vieillards crochus prêts à s'abattre sur moi."

"C'est horrible, chef ! me dit un soldat. Nous avons le visage qui brûle et nos gants sont gelés."

rêverie. Je m'abandonnais à une hébétude peu conforme au règlement militaire. Je me suis alors souvenu que Cocteau avait tourné *Orphée* dans les ruines de Saint-Cyr.

À 22h45, je reçus un appel de la gendarmerie. Un message codé du commandement de la 1re région militaire venait de tomber à notre intention. J'envoyai une estafette et réveillai l'officier de permanence pour qu'il décodât le télégramme : "Missile Scud lancé par l'Irak sur Israël. Stop. Objectif raté. Stop. " L'officier me demanda de classer le message. Je m'allongeai sur mon lit, incapable de dormir. Hélène dormait-elle ? J'allai prendre l'air. Les deux sentinelles s'enfonçaient dans la guérite. Je regardai le thermomètre : – 12°C. Le vent avait forci.

– C'est horrible, chef ! me dit un soldat. Nous avons le visage qui brûle et nos gants sont gelés.

– Allez vous réchauffer une demi-heure ! Je prends la relève.

Le camp était endormi, l'horizon bouché. Mais l'officier de permanence risquait de faire sa ronde. La semaine précédente, il avait beaucoup neigé et des congères subsistaient. Tout paraissait amorti, étouffé dans un monde cotonneux. J'étais condamné à ne plus bouger. Nous étions des centaines de guetteurs, à vivre à cette heure le même état stationnaire.

C'est avec précaution que j'allai chercher Hélène pour son deuxième tour de veille. J'entrai dans la grande salle Lyautey et m'approchai de son lit de camp pour ne pas réveiller l'ambulancière. Hélène dormait sur le ventre, les cheveux défaits, et avait gardé sa veste de treillis. Je n'allumai pas la lampe torche et m'agenouillai. J'aurais pu embrasser sa nuque.

– Hélène, il est l'heure !

– J'arrive, me dit-elle d'une voix si intime que j'eus l'impression d'avoir déjà partagé avec elle une vie de couple.

Dans le poste de garde, je redonnai à Gonzales et à Hélène le chargeur de leur fusil. Hélène en guerrière, dotée d'un fusil d'assaut chargé à balles réelles, que j'avais connue en infirmière protectrice. Décidément l'armée avait une propension à l'absurdité et au paradoxe. Le binôme numéro 2 entra dans la nuit et le froid.

Je l'épiais. J'étais à l'abri, à côté du radiateur, près de la fenêtre. Je m'imaginais sur la passerelle d'un bateau ou dans un poste-frontière très lointain. Cette attente ressemblait à notre époque. Le paysage était glacé, singulièrement dépouillé. Des cristaux de glace brillaient sur le casque lourd de Gonzales et d'Hélène. Ils se tenaient l'un à côté de l'autre dans la guérite. Gonzales battait les bras comme un pingouin, Hélène restait droite, ce qui était encore plus terrible car, dans la nuit, on aurait dit une statue qui allait se briser. Le vent soulevait des rafales de neige. Et je crus, un instant, que mes sentinelles allaient disparaître dans l'inconnu. Là-bas, dans le Golfe, la guerre ressemblait à un morceau de rock'n'roll. Ici, c'était morne, gelé et désespérant. Ma lâcheté m'effrayait. Il fallait sortir Gonzales et Hélène de là. Surtout Hélène.

Je n'eus pas le temps de réagir que Gonzales amorçait une percée vers le poste, plié en deux, trompant les flocons de neige comme s'ils formaient un nuage de balles perdues.

– Chef ! Chef ! La fille, elle parle plus. Elle est toute raide. Dans le coltard !

Abandon de poste. Course. Un frisson dans la nuit. Hélène était recroquevillée au fond de la guérite. Hélène était maintenant dans mes bras. Je me ruai vers le poste de garde suivi de Gonzales, toujours plié en deux, les fusils dans les mains. Je déposai Hélène dans le fauteuil près de la fenêtre et du radiateur.

– Le rhum, chef ! Le rhum !

Je débouchai la flasque mais les lèvres d'Hélène ne s'entrouvraient pas.

– Vous voulez que j'appelle l'infirmerie, chef ?

– Pas le temps !

Je détachai son casque lourd, sa parka et commençai à la frictionner : le corps, les jambes, les joues. Maladroitement mais avec une ferveur qui me plaçait parmi les meilleurs secouristes du monde. Hélène revint à elle. L'hypothermie avait été de courte durée. Mais deux larmes coulaient sur ses joues et elle se mit à grelotter. Je me relevai et poussai le thermostat du chauffage à fond.

– J'ai froid, j'ai froid, gémissait-elle, le corps en boule dans le fauteuil.

– C'est bon, Gonzales ! Elle refait surface. Rejoins ton poste ! Je m'occupe d'elle.

Cette nuit-là, le première classe Gonzales défia avec courage notre seul ennemi : le froid. Le poste de garde. Hélène et moi. Sans dire un mot, je m'approchai d'elle, m'assis sur le sol et commençai à délacer ses rangers avec une infinie précaution. Hélène avait la tête penchée sur le côté. J'enlevai ses grosses chaussettes de laine noires et j'eus entre les mains une merveille : ses pieds. Je les réchauffai, massant ses orteils l'un après l'autre. Le sang circulait convenablement. Hélène eut alors un rire que je ne suis pas près d'oublier, un rire de femme en bonne santé, se moquant de tout, un rire de femme du XVIIe siècle. C'est à ce moment précis que j'ai enlevé ses lunettes et que j'ai embrassé son regard de myope.

Cette guerre qui fut une imposture est terminée. J'ai épousé Hélène deux ans après la victoire des Alliés. Hélène est toujours infirmière, mais elle a quitté l'armée. Elle travaille maintenant dans un hôpital civil et parisien. Moi, j'ai repris ma vie légère et aléatoire, mais cette fois engagée au côté d'Hélène. Dès que nous le pouvons, nous quittons Paris. Les grandes villes ne sont pas faites pour le plein amour. Nous avons acheté une petite maison en Normandie, sur les falaises de Sainte-Marguerite-sur-Mer. Cette fille du Sud ne pouvait pas me donner une plus belle preuve d'amour. La Normandie est pluvieuse et incertaine. Mais son caractère changeant et l'argile rose de ses falaises donne aux crépuscules une lumière aussi douce et tendre que les yeux d'Hélène.

" Nous avons acheté une petite maison en Normandie, sur les falaises de Sainte-Marguerite-sur-Mer."

Quand nous avons choisi de vivre l'un près de l'autre, je me suis juré que plus jamais Hélène n'aurait froid. La vie d'un homme est faite de ces serments qu'il peut briser par lâcheté ou lassitude. Moi qui suis d'un tempérament plutôt réactionnaire, j'ai fait installer dans notre maison des falaises, exposée aux vents d'ouest, un système de chauffage révolutionnaire. Avant de prendre la route pour la Normandie, je décroche le téléphone en cachette d'Hélène et compose le numéro de la villa. Un répondeur relié à un système automatique déclenche le chauffage à ma demande et à la température souhaitée. Et quand nous ouvrons les volets, la maison est aussi chaude qu'une province méditerranéenne. Hélène imagine que je suis un homme qui pense à tout. Jamais Hélène n'a été aussi belle. Jamais Hélène n'a été aussi myope.

Olivier Frébourg

"Avant de prendre la route pour la Normandie, je décroche le téléphone en cachette d'Hélène et compose le numéro de la villa. Un répondeur relié à un système automatique déclenche le chauffage à ma demande et à la température souhaitée. Et quand nous ouvrons les volets, la maison est aussi chaude qu'une province méditerranéenne. Hélène imagine que je suis un homme qui pense à tout. Jamais Hélène n'a été aussi belle."

Thermostat programmable, Legrand, modèle Sagane Beluga.

Marc Lambron

Né en février 1957 à Lyon, Marc Lambron consacre quelques années de sa vie aux études. École normale supérieure, agrégation de lettres, Sciences politiques, École nationale d'administration. Dès 1986, il inaugure une collaboration avec l'hebdomadaire *Le Point*, dont il deviendra feuilletoniste en 1993.

L'Impromptu de Madrid, son premier roman, paraît en 1988. Salué par la critique, obtenant le prix des Deux-Magots, cet ouvrage décrit les aventures nocturnes d'un jeune diplomate français entre les charmes et les pièges de la "movida" madrilène. Le public retient de ce premier livre un ton rapide et crépitant qui renoue avec une allure très années 30.

En 1990, *La Nuit des masques* met en scène des libertins contemporains rejouant la trame des *Liaisons dangereuses* entre Paris et New York. Le livre obtiendra le prix Colette.

Deux ans plus tard, Marc Lambron publie aux éditions Gallimard un recueil d'articles, portraits et chroniques sous le titre *Carnet de bal*. C'est, dans l'esprit des mélanges, un essai d'autoportrait indirect à travers un album de préférences.

En 1993, paraît chez Flammarion un long roman, *L'Oeil du silence*. Inspiré par une héroïne réelle, la, photographe Lee Miller, cet ouvrage retrace en puzzle la destinée de cette égérie qui fut mannequin pour *Vogue*, élève de Man Ray, actrice pour Cocteau et modèle de Picasso avant de devenir, en 1944, la première correspondante de guerre féminine sur les fronts d'Europe. Favori du Goncourt 1993, ce roman fut "kidnappé" par les dames du Fémina qui avancèrent la date de leur prix afin de brûler la politesse du jury rival.

Marc Lambron prépare pour 1997 un roman qui a pour cadre la France des années de l'Occupation. Père de trois enfants, Marc Lambron est actuellement maître des requêtes au Conseil d'Etat.

"Tout de même, je m'aventurai un jour à lui demander pourquoi elle préférait la graphie à la voix, et les hiéroglyphes aux vidéo-clips. Ignorait-elle les fils et les interrupteurs ? Ne savait-elle rien de l'électricité ?"

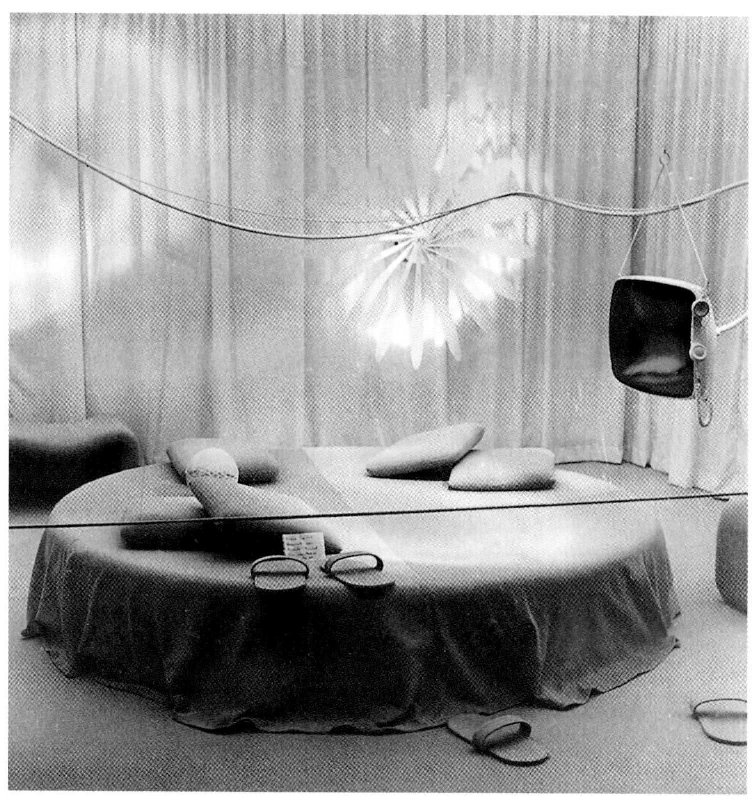

Les Muses

P A R M A R C L A M B R O N

MUSE n. f. (lat. Musa). 1. Myth. gr. Chacune des neuf déesses qui présidaient aux arts libéraux (avec majusc.). – 2. Litt. Inspiration du poète. – 3. Litt. Inspiratrice d'un artiste, d'un écrivain . – 4. Les Muses, la Muse, symbole de la poésie (litt.): Courtiser les Muses, fréquenter les Muses.

Grand Larousse universel, tome 10.

En 1995, je commençai à pianoter sur le Web. J'eus d'abord le sentiment d'être Lewis Carroll au pays des facteurs: c'était un monde de boîtes aux lettres traversé par la cinquième dimension. Je naviguai de site en site. Selon les connexions, des images surgissaient sur mon écran, ligues féministes de l'Ontario, amis des dinosaures, sectateurs de Jim Morrison, universitaires hongrois reconvertis dans les cours de Bourse, guilde de protection des gypaètes barbus, visiteurs de musées virtuels, marchands de Kalachnikovs en kit, mormons en mal de polygamie, pirates cherchant à crocheter les serrures électroniques. Ces anarchistes du Web marchaient d'un même pas cadencé: une fois branchés, ils étaient tous en ligne.

J'appris à me mouvoir au milieu de cette armée de spectres, esprits flottant dans l'éther, rivés à leurs claviers comme un pianiste à son Steinway. Sur certains sites, on pouvait même accéder, aux heures de moindre saturation, à des caméras installées dans les rues des villes étrangères. En tapotant sur quelques touches, le navigateur d'Internet obtenait des images raffinées: zooms, rotations, plongées au cœur d'une avenue de Caracas ou de Milwaukee. J'eus bientôt ma caméra d'élection. Elle était perchée dans le Balboa Park de San Diego

(Californie), prenant dans son champ l'espace qui sépare la Timken Art Gallery de l'Alcazar Garden. Les pixels de l'écran me restituaient une place ombrée de magnolias, aux gazons finement écrêtés, avec des bancs de pierre blanche et quelques Star Spangled Banners en haut de leurs mâts. Chaque jour, je prenais ma faction. Là-bas, il était neuf heures du matin. On voyait passer des étudiants déguisés en Neil Young avec leurs compagnes, de douces squaws aux chevelures ophéliennes ; quelques vieux messieurs amis des pigeons ; des femmes en tailleur marchant vers leurs bureaux avec ces grosses chaussures de basket qui épargnent à la fois les escarpins et la voûte plantaire. Bientôt, j'appris à les reconnaître. Devant mon écran, je devenais familier de l'homme à l'attaché-case marron, de la petite fille qui chaque jour zébrait l'écran comme une flèche plaquée argent. Et puis il y avait cette silhouette qui tous les matins à 9h13 longeait le Hall of Charm, d'un pas égal et – je l'imaginais – claquant. C'était une Noire d'une trentaine d'années, dressée sur des talons hauts, toujours prise dans des robes flottantes mais ajustées, avançant dans le parc comme si elle s'apprêtait à faire son entrée à la scène 2 de *Porgy and Bess*.

J'admirais cette élégance donnée au passant, pour rien, pour le simple bonheur d'être au cœur de la vie profuse et légère. Il me fallut baptiser l'ombre de 9h13. Je l'appelai donc Diana. J'avais rendez-vous avec elle tous les jours sur le Net, et elle n'en savait rien. La couleur de ses robes changeait, les cheveux pouvaient être chignons ou dreadlocks, boucles ou bandeaux. Lorsque la commande était accessible, je faisais pivoter la caméra, je zoomais sur Diana. J'étais son Big Brother, son espion à l'oeil-de-bœuf, son tendre Guépéou. Peut-être le regard de Dieu suit-il ainsi la marche de Ses créatures ? Mais a-t-Il seulement autant d'amour pour les passantes de 9h13 que j'en avais pour Diana ?

Un jour, je ne la vis plus. J'avais beau zoomer, diriger la caméra sur l'angle de la House of Charm d'où elle surgissait habituellement, elle ne paraissait pas. Je me souvins qu'un Américain déménage en moyenne douze fois au cours de son passage terrestre. J'essayai les caméras de Des Moines et de Duluth, celles d'Oakland et de Providence. Rien. Je l'avais baptisée sans la connaître. Elle disparut sans m'avoir vu.

Cette belle marcheuse qui paraissait voler sur le trottoir était-elle Terpsichore, la muse qui danse et endiable la vie ?

"J'appris à me mouvoir au milieu de cette armée de spectres, esprits flottant dans l'éther, rivés à leurs claviers comme un pianiste à son Steinway."

Avant les réseaux, il y avait le Réseau. C'était à la fin des années 70. En composant un numéro inattribué par les PTT, connu des seuls initiés, on tombait sur une sonnerie ; entre les bips de cette sonnerie surgissaient les voix des habitués qui conversaient là comme au salon, mais au milieu d'un crachin sonore digne des premiers postes de TSF. On avait le sentiment d'entrer dans un monde de voix flottantes, comme si l'on circulait dans une poussière de nébuleuses sonores. Chacun y portait un nom de guerre.

C'est là que je connus Fleur du Matin.

– Votre nom est chinois, lui dis-je entre deux sonneries.

– Bip.

– Non, répondit-elle, mon ton n'est pas trop bas.

– Bip.

– Je vous dis que votre nom est chinois.

– Bip.

– Mais non, je ne vis pas avenue du Bois. J'habite…

– Bip.

– … rue du Bouloi.

– Bip.

– Non, protestai-je, je ne suis pas un homme de loi.

– Bip.

– Vous êtes galant, répondit-elle, charmée. Vous savez, moi non plus je ne suis pas de bois.

– Bip.

– Qui vous a dit que je suis aux abois ?

– Bip.

– Je ne suis pas un chien, dit-elle offusquée. Je n'aboie pas.

– Bip.

– Moi non plus, je ne bois pas.

– Bip.

– Ivrogne ! lâcha-t-elle courroucée.

Et, violemment, elle raccrocha.

Fleur du Matin, dans ce nuage de parasites sonores, portait un nom d'étoile. Je l'aurais prise, perdue au milieu des trous noirs du son, pour Uranie, la muse de l'astronomie.

Patricia avait découvert le Minitel dans les premiers temps, lors de la préfiguration de Vélizy. Elle y voyait un nouveau véhicule épistolaire, un casier à lettres intimes. Cette amoureuse des romans par correspondance du XVIIIe siècle avait donc été anoblie par les ingénieurs des Télécom : Patricia se sentait soudain marquise à rubans, comtesse à faveurs, princesse d'encrier. Elle m'envoyait des maximes, des coquineries signées, de la prose française lancée à la conquête des réseaux comme un seigneur mène le siège. Sur mon écran, je trouvais ceci : "J'en embrassai une bien vivement dans un petit coin : elle avait été un peu surprise par quelques verres de punch. Mais la fille du magister, qui était de ma chapelle et avait une jolie voix, et Rosalie la concierge m'embrassèrent sans avoir bu de punch. Mes quatre ou cinq les plus lestes me suivaient toujours comme des ordonnances dans les promenades que je faisais pour reconnaître les emplacements du temple, de la tour ruinée et de la cascade que j'avais ordonnée." Ce n'était pas d'elle, mais du prince de Ligne.

Ou bien je trouvais ceci, de La Bruyère : "Une belle femme qui a les qualités d'un honnête homme est ce qu'il y a au monde d'un commerce plus délicieux : l'on trouve en elle tout le mérite des deux sexes."

Les fantaisies de l'amour auraient sans doute donné à Patricia l'occasion d'en illustrer le mérite. Mais je ne la connus guère. Cette âme sensible avait la délicatesse d'une Polymnie, muse antique de la poésie.

"Lorsque je rentrais tard dans la nuit, je trouvais un message sur mon répondeur téléphonique."

En ce temps-là, je sortais tous les soirs. Lorsque je rentrais tard dans la nuit, je trouvais un message sur mon répondeur téléphonique. C'était une voix de femme, d'un beau timbre énigmatique et ardent. Elle me prenait manifestement pour quelqu'un d'autre, car les épîtres qu'elle déposait sur la bande magnétique s'adressaient, à l'évidence, à une femme.

– Ma chérie, disait-elle, tu as choisi de ne plus répondre. Très bien. Je sais que tu es là. Je sais que tu te caches derrière le répondeur. Je sais que tu es là, avec ta petite moue adorable et impitoyable, je sais que tu es là, avec tes jupettes noires et tes bas résille. Décroche, Carole, décroche… Allô ?… Tu m'écoutes, oui ? Décroche avec ta charmante petite main potelée, ma chérie, décroche, c'est moi… Bon, je rappellerai.

J'étais navré des efforts que déployait cette dame si fervente. Si j'avais été là quand elle appelait, j'aurais pu lui répondre que je n'étais pas doté d'une petite moue adorable et impitoyable, ni même d'une jupette noire. Je l'aurais volontiers consolée, car ce quiproquo était désolant. Chaque soir, le ton montait.

– Petite grue couronnée, c'est ta Viviane qui est là. Décroche, ma grande chérie, décroche. Allô ? Ma petite grue cendrée ? Ma Minnie à ressorts ? Mon Wapiti ?… Je t'attends ! Ne me dis pas que tu vas rester avec cette savonnette à varices… Reviens, Carole, reviens… Tu pourrais répondre tout de même… Réponds ! Réponds ! Gisquette ! Catin ! Pierreuse ! Pont-Neuf !

La douleur de cette dame faisait peine à entendre. J'étais plein de compassion. Un soir, je revins à la maison en compagnie d'une charmante jeune femme que j'avais rencontrée aux Bains-Douches. Après lui avoir servi un whisky-Coca, je commis la fatale erreur de consulter le répondeur. De nouveau, la voix de Viviane s'éleva. Cette nuit-là, en une tentative désespérée de reconquête, elle s'était faite langoureuse.

–Mon petit raton laveur… Mon collier de perles royales… C'est ta Viviane qui t'aime, qui t'embrasse, qui t'adore. Je te veux, je te désire, je m'enroule autour de toi comme un boa constrictor…

La jeune fille assise dans mon salon avait les yeux écarquillés. Elle se rappela soudain

"… elle présentait des clips à la chaîne en gazouillant entre deux chanteurs, à moins que ce ne soit l'inverse."

qu'elle avait un train de banlieue à prendre. Le lendemain, je débranchai mon répondeur. La voix de Viviane était tumultueuse et intense. J'aurais bien vu en elle, que je ne vis jamais, Erato, muse du chœur lyrique.

Claudia se piquait de beaux-arts, dans la manière moderne. Née à la fin des années 50, elle circulait en cette fin de siècle comme une personne déplacée. Son époque de référence était celle de ses grands-mères : le Paris de 1922, avec ses Américains en goguette, ses peintres surréalistes, ses beautés monnayables. Elle se rêvait dans l'atelier de Brancusi avec un bandeau à fleurs et une robe de flapper, attendant Pascin au Dôme et fêtant ses anniversaires au Bal Nègre de la rue Blomet. Claudia ne se remettait pas de cette aberration chronologique qui ne lui avait donné en partage que les concerts d'Eric Clapton, les livres de Philippe Djian et la contraception orale. C'était un crime de lèse-Claudia. Elle s'en consolait en campant autour du Centre Georges-Pompidou, où l'on montrait les toiles de Mondrian, les ziggourats de Tatline et les rayogrammes de Man Ray. Pour ses amants, elle n'avait eu que des concessions dégoûtées : aucun d'entre eux ne menaçait de devenir Max Ernst, ni d'ailleurs de la prendre pour égérie, car elle n'était pas si belle.

Un jour, on inventa le fax. Elle s'en procura un. Restauration de l'écriture, avènement de la correspondance électronique, disait-on partout. Mais Claudia, elle, avait son idée. Sur mon appareil tout neuf, je commençai à recevoir ses messages. Je crus d'abord à une erreur : ils étaient obstinément blancs. Avait-elle ignoré la notice ? Offrait-elle à son appareil le verso quand il aurait fallu montrer le recto ? Le doute planait. D'autres amis se virent, eux aussi, inondés de papier blanc. Pour en avoir le cœur net, je décrochai mon téléphone. Claudia, sur le ton récriminant et nostalgique qui était le sien, me dit ceci :

– Oui, cher ami, je vous envoie du blanc. Le stade suprême de l'art moderne a été atteint le jour où Malevitch a peint ses toiles monochromes. Carré blanc sur fond blanc, carré noir sur fond noir. Le fax en est l'accomplissement providentiel. Je n'ai même pas besoin de peinture à l'huile, l'électricité est mon seul pinceau. J'envoie à chacun de sublimes surfaces blanches, dont vous trouvez le reflet dans la bande de papier qui sort de la machine. J'atteins à l'art total, j'offre à chacun la quintessence du XXe siècle. Sachez aimer ce blanc virginal, aimez cet absolu immaculé. Aimez-moi.

Claudia aimait surtout ce théâtre dont le fax était la scène. Je l'aurais bien vue en Thalie, muse de la comédie.

Un soir, je rencontrai Gigi dans une rave-party. Il s'agissait de l'un de ces sabbats où les disc-jockeys hanséatiques jouent de la musique anglaise pour un auditoire aux neurones largement internationalisés. Gigi avait dix-neuf ans, elle était blonde et refaite – l'expression peut s'appliquer, c'est selon, aux tapis de jeu ou à la chirurgie esthétique. Je reconnus cette beauté spectaculaire des filles bioniques qui ont l'air de sortir d'une cabine d'UVA quand bien même leur bronzage résulte d'une semaine d'exposition intégrale au soleil de Saint-Barth. Elle portait une combinaison fluo, parlait par monosyllabes scandés de petits cris (wow, yahoo, génial), surtout lorsque le DJ mettait en action un nouveau marteau- piqueur à l'aide de sa platine. D'une conversation – mais c'est beaucoup dire – tenue près de l'escalier, car il y avait en ce lieu un escalier, je retins que Gigi travaillait (elle disait : je bosse) sur une chaîne de télévision câblée, où elle présentait des clips à la chaîne en gazouillant entre deux chanteurs, à moins que ce ne soit l'inverse.

– Aimez-moi, lui dis-je à brûle-pourpoint.

– Non, dit Gigi, ça n'est pas dans mon concept de vie.

Elle avait un concept de vie.

– Pourtant, repris-je, vos yeux ne disent pas non.

Elle parut trouver cette sentence extraordinairement poétique.

– Ou alors, dis-je, faites-moi un signe.

Gigi sautilla en ramenant sa mèche en arrière. Je tombais dans le mille. D'inclinations astrologiques, elle adorait évidemment les signes.

– Oh oui, dit-elle, un signe. Si tu veux, quand je présenterai mon émission, je dirai quelque chose que toi et moi seuls pourrons comprendre.

C'était mon tour d'être ébahi. Elle venait d'aligner au moins trente-trois syllabes à la suite.

– Alors, répliquai-je, vous pourrez dire : "Et maintenant, têtes de morts, voici un méga-hit d'acier." Je saurai que c'est pour moi.

– Génial, dit-elle dans une bouffée d'éloquence.

Les jours suivants, je suivis l'émission de Gigi sur le câble. On voyait des clips fuligineux filmés sur des falaises irlandaises, des chanteurs enrubannés dans des bandes Velpeau, des gangs de rues habillés par les déchireurs de jeans de l'avenue Montaigne, et au milieu, Gigi qui annonçait : "Et maintenant, têtes de morts, un méga-hit d'acier." Tout le monde trouva la formule, mettons, géniale. Gigi fut promue. Elle était tendance. Personne ne sut que c'était pour moi. "Eh, tête de mort", disaient les enfants dans les cours de récréation. Gigi disparut de ma vie. Mon cœur saignait.

Elle était Melpomène, muse en santiags de la tragédie.

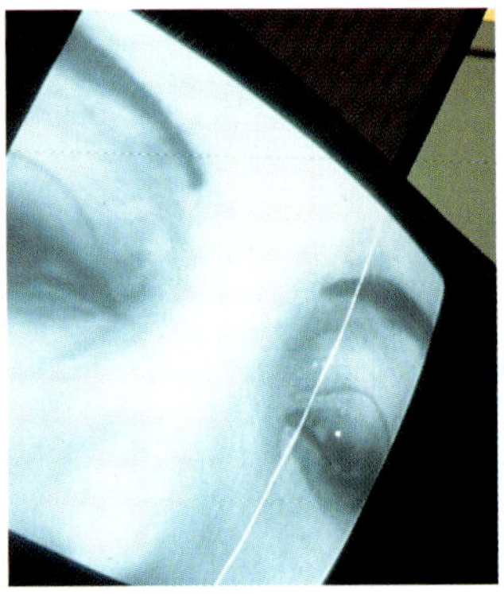

"Un jour, Anémone s'acheta un caméscope."

Un jour, Anémone s'acheta un caméscope. C'était une jeune fille de la rue Spontini, éduquée dans ces écoles strictes du XVIe arrondissement qui fabriquent avec la plus grande sûreté des conformistes basculantes et des insurgées épousables. Anémone ne se détestait pas. Bientôt, je commençai à recevoir des cassettes autoproduites, dont elle était à la fois le réalisateur et le sujet. Anémone s'était filmée dans des tenues émoustillantes mais réservées, tailleurs à échancrure divinatoire, chemisiers en transparences indevinables, jupes cassées un peu trop au-dessus du genou, sandales hautes à lanières strictes. Elle marchait au-devant de l'objectif, regardait avec des mines mutines et distantes l'œil de la caméra, ne disait pas un mot. C'était comme l'une de ces cérémonies où les belles de jour font le tour du promenoir en ayant l'air de sortir de chez leur confesseur. Bref, Anémone me rendait fou. Bientôt, je voulus passer au-delà de l'écran.

Elle me répondit : "Il n'en est pas question. Que croyez-vous ? N'est-ce pas assez de me voir comme je me vois ? Qu'ai-je de mieux à donner que ce que vous avez vu ? Vous êtes élu, et je vous lègue seulement l'insolence du plaisir que vous ne verrez pas finir."

Anémone m'enchantait et me crucifiait par cette harmonie des sphères, la mélodie de sa démarche. Elle était Euterpe, muse XVIe arrondissement de la musique.

– Venez donc dans mon laboratoire de la rue Linné, me dit le professeur Denis, je vous ferai tester mon nouveau prototype.

Le professeur, qui avait raté Polytechnique en 1977, s'était reconverti dans le high-tech neuronal. Il bricolait d'étranges machines corticales, des appareillages à la Frankenstein, mais toujours dans une visée de bonheur, car le professeur Denis était d'abord un philanthrope.

– Voici Sandrine, me dit-il lorsque j'entrai dans son musée des horreurs.

Elle était ravissante, du genre à faire casser un vitrail par un archevêque. Je l'aurais bien emmenée au cirque, mais déjà le professeur, sentant ma ferveur monter, la porta à son apogée.

– Sandrine a accepté de voyager avec vous, me dit-il.

– Ah bon, bredouillai-je, déjà dans les plus grands transports.

– Voici vos billets, dit le professeur exalté.

Il nous désigna deux espèces de heaumes, hérissés de fils et de clignotants psychédéliques, d'où partait un entrelacs d'électrodes.

– Veuillez vous brancher, dit le professeur.

Il nous brancha. Des stickers humides reliés à des fils collaient à mes aisselles, à mes genoux, à divers lieux en somme. Les heaumes nous aveuglaient comme un bandeau de fusillé.

– Êtes-vous prêts ? dit le professeur. Soyez heureux, car vous êtes les cobayes de mon nouveau dispositif de cyber-sex.

Je crus comprendre qu'il abaissait une manette, tel le préposé à la chaise électrique d'un pénitencier américain. Il m'aurait suffi de tendre la main pour toucher Sandrine, mais déjà l'expérience commençait.

Un picotement passa sur ma peau, pareil à celui qui vous saisit lorsqu'une craie crisse sur le tableau. C'était le prélude. J'avais le sentiment d'être dans l'ascenseur un jour de préavis de grève d'EDF. Sandrine restait muette. Soudain, il me sembla qu'une colonne de fourmis rouges tentait l'ascension de ma jambe gauche par la face nord. Les sherpas arrivaient déjà à l'entrecuisse, lorsqu'une décharge galvanique tétanisa ma colonne vertébrale.

– Ouille ! dis-je.

– Aah ! ahana ma partenaire.

– Phase préorgasmique réussie, dit le professeur.

On entendit le clac d'une seconde manette.

Dans la seconde, un vérin de perceuse me tarauda le coccyx. Du même mouvement, une friteuse à pop-corn se déclencha sous mon fondement avec la plus extrême violence. Notons que ce sont là des approximations descriptives, car tout cela était bien entendu virtuel.

– Waah ! hurla Sandrine.

– Ouch ! criai-je.

– Sommet de la courbe ! lâcha la voix exaltée du professeur.

Il coupa brusquement le courant. Je m'affalai sur le fauteuil, aveuglé, rompu, vidé.

– Phase de tristesse post-coïtale, dit le professeur.

De mon côté, je voyais Sandrine affalée, toute remplie du bonheur que je lui avais donné. Curieusement, je ne la revis jamais. Sans doute était-elle Calliope, la muse de l'épopée.

" Êtes-vous prêts ? dit le professeur. Soyez heureux, car vous êtes les cobayes de mon nouveau dispositif de cyber-sex."

D'Émilie, je ne reçus jamais que des lettres. Je trouvais au courrier ses enveloppes de longue carrure, je reconnaissais le jambage de ses W, car il y a des femmes très W. C'était une épistolière acharnée autant qu'une passionnée rétive, qui risquait sur le papier ce qu'elle compromettait rarement dans la vie – et d'abord elle-même. Je ne sais trop si ce "elle-même" m'intéressait vraiment ; il m'était plus agréable, sinon plus commode, d'imaginer qu'Émilie vivait entre les signes, que son existence avait fini par se déposer dans les interlignes de sa correspondance, comme un sculpteur parfois consent à l'autoportrait en sachant que le marbre survivra au cartilage. En somme, je ne crois pas qu'Émilie me plaisait vraiment. Je la préférais en encre et papier, son érotique était dans la syntaxe. Je ne disais pas : "Émilie, donnez-moi l'heure du cher cœur et du cher corps, venez m'offrir la fatigue de vous aimer." Non, j'attendais ses lettres, et c'était bien assez.

Tout de même, je m'aventurai un jour à lui demander pourquoi elle préférait la graphie à la voix, et les hiéroglyphes aux vidéo-clips. Ignorait-elle les fils et les interrupteurs ? Ne savait-elle rien de l'électricité ?

Émilie me répondit avec courroux : "De l'électricité, mon cher, j'ai le meilleur et le plus doux. Ignorez-vous ce ver luisant apprivoisé que l'on appelle une ampoule ? Savez-vous que ces bulbes de verre sont les meilleurs amis de la main qui écrit ? Connaissez-vous le halo de la lampe au-dessus de votre secrétaire et de votre plumier ? Avez-vous songé aux malheureux qui ont rédigé la Bible et *L'Énéide*, *Les Essais* et *La Chartreuse de Parme* éclairés par des chandelles, des lanternes de philosophe grec et des bougeoirs torsadés ? Ne savez-vous pas que l'écriture est fille de la lumière ? Que mon ampoule est un grillon, une duègne et un boutefeu ? Si je l'allume, elle éteint tous mes élans ; si je l'éteins, elle allume mes désirs. Je n'ai besoin que de cela. Je suis fille de la lampe à arc et de l'encrier. Libre à vous de récuser ces paternités. Mais alors vous me perdrez."

Émilie avait pour elle la raison abrupte des siècles. Elle était peut-être Clio, la muse sage et folle qui tient la main de l'Histoire.

Marc Lambron

"Sur certains sites, on pouvait même accéder, aux heures de moindre saturation, à des caméras installées dans les rues des villes étrangères. En tapotant sur quelques touches, le navigateur d'Internet obtenait des images raffinées : zooms, rotations, plongées au cœur d'une avenue de Caracas ou de Milwaukee."

Bloc de prises TV+FM, téléphone, numéris, Legrand, modèle Sagane Xelio.

Tahar Ben Jelloun

Né en 1944 à Fès, Tahar Ben Jelloun passe son adolescence à Tanger, et vit aujourd'hui à Paris. Trois villes, trois influences dans un parcours d'écrivain continu, marqué du double signe de l'exigence et du succès.

Après une très solide formation en sciences humaines - études puis enseignement de philosophie, maîtrise de sociologie, thèse de troisième cycle en psychiatrie sociale Tahar Ben Jelloun devient collaborateur du quotidien *Le Monde* et, "parrainé" par François Maspero, Maurice Nadeau et Jean Genet, il se fait remarquer pour son roman *Harrouda*.

Suivront, entre autres, *Moha le fou Moha le sage* (Seuil, 1978, Prix de Radio Monte Carlo et de l'Association des Bibliothécaires de France) ; *La Prière de l'absent* (Seuil, 1981) ; le diptyque formé de *L'Enfant de Sable* (Seuil, 1985) et *La Nuit Sacrée* (Seuil, 1987, prix Goncourt, immense succès de librairie) ; *Les Yeux Baissés* (Seuil, 1991, prix des Hémisphères - prix de la littérature francophone) ; *L'Homme rompu* (Seuil, 1994).

Son dernier ouvrage, *Le Premier amour est toujours le dernier* (Seuil, 1995), est un recueil de vingt et une nouvelles, vingt et une variations sur l'amour et ses multiples désordres.

Poète avant d'être romancier – il a animé, aux côtés de son compatriote Abdelatif Laabi, la revue *Souffles*, et publié ses premiers recueils, *L'Aube des dalles* et *Hommes sous linceul de silence* dès 1971 à Casablanca – Tahar Ben Jelloun insuffle dans la littérature française un sens du récit, voire du conte, peu commun. Il raconte des personnages amoureux, blessés, complexes, tiraillés entre des identités contradictoires.

Nourri de deux cultures (marocaine et française), il est le peintre du déracinement et des conflits entre les identités. Par ses articles, ses essais et aussi sa littérature, il est aussi le militant d'un rapprochement entre les hommes et les cultures, par-delà les tensions.

" Arrête ton bavardage. Ma sécheresse n'est qu'une apparence. Au fond je suis heureuse parce que tu ressembles à un âne. Comme tu sais, je ne m'entends qu'avec les animaux. Dorénavant tu t'apelles Nour el Hamir ! Lumière des ânes !"

Tricinti

P A R   T A H A R   B E N   J E L L O U N

Il revient chaque année à la même époque, juste après le printemps, au moment où il commence à faire chaud. Il sort de sa vieille fourgonnette, tout de blanc vêtu, un gros cartable à la main. Les enfants accourent vers lui. Ils le connaissent bien et l'appellent « Moul Tricinti », celui qui leur promet d'amener au village l'électricité et l'eau courante. Moul Tricinti s'appelle en fait Nour Eddine, « Lumière de la religion ». Le fou du village l'appelle « Mour Eddine », ce qui veut dire « à l'arrière de la religion».

Il fait précéder chacune de ses visites de techniciens qui arpentent le territoire, prennent des mesures, font des croquis, puis repartent en disant : « À la saison prochaine ! » Ils savent que la lumière, ce ne sera pas pour demain. Mais ils font leur travail assez consciencieusement et surtout obéissent aux ordres de Nour Eddine, vieux routier de la Rade, Régie autonome de l'électricité, installée à Marrakech.

Le bureau qu'il partage avec deux autres fonctionnaires de la Rade est assez crasseux. Il y a là de quoi déprimer le plus dynamique et le plus optimiste des Marocains. Tout y est vieux : les tables, les chaises, les cendriers en plastique, le calendrier des pompiers, l'unique machine à écrire que les trois hommes se partagent selon un accord affiché au tableau des notes de service. Nour Eddine utilise la machine pour rédiger des rapports sur ses investigations dans les campagnes privées d'eau et d'électricité. Ce sont des textes inattendus du genre :

« À M'zouda, petit douar de la région d'Imintanout, la lumière d'Allah est réticente à voir surgir la lumière des hommes. Les plaines rejoignent le ciel dans un mouvement à peine perceptible où les couleurs de la terre et des nuages frêles et transparents donnent envie de tout abandonner pour se lover dans la poussière de l'amour de Dieu. Que faire pour convaincre les habitants de ce village que la lumière d'Allah est plus belle que celle des hommes ? Comment leur démontrer que le bonheur n'est pas dans les poteaux et encore moins dans des fils noirs qui servent de perchoir aux corbeaux ? Ah, l'homme est entêté ! Mais à

M'zouda, ce village qui est resté intact depuis plus de mille ans, ce sont les femmes qui poussent les hommes à réclamer l'électricité. Ce sont elles qui commandent ; normal, elles travaillent deux fois plus que les hommes. Cela étant, elles ont beau réclamer, aucun budget n'est prévu pour cette région. Le directeur m'a chargé d'aller les calmer et surtout de leur faire des promesses que je dois renouveler toutes les saisons… »

Nour Eddine est mal payé. Il ne sait plus comment faire pour s'en sortir. A trente et un ans, il n'est toujours pas marié. Il dit qu'il n'en a pas les moyens. En fait il aime les femmes. Avec ou sans argent il arrive toujours à les séduire avant de les abandonner à leur sort. Il avoue volontiers qu'il aime plus le sexe que l'amour, et précise que le mariage est une prison qu'il laisse à ses collègues – lesquels n'ont que ce qu'ils méritent.

Nour Eddine plaît. Des femmes souvent belles défilent dans son petit appartement. Certaines sont mariées, d'autres divorcées. Il dit préférer ces dernières parce que l'absence les frustre et rend le désir plus intense. Il ne parle jamais d'amour. Elles savent à quoi s'en tenir avec cet homme à femmes. Il drague surtout dans les autobus. Il dit qu'il préfère se rendre à son bureau en bus parce que c'est là qu'il trouve les femmes qui lui plaisent : pauvres – sinon elles ne prendraient pas le bus –, simples et directes. Ce sont là les qualités des femmes du peuple ! Il a toute une théorie sur la sexualité en milieu pauvre.

Avec son salaire, il arrive à peine à se nourrir et à acheter un paquet de cigarettes américaines par semaine ; le reste du temps il se contente des cigarettes nationales nuisant dangereusement à la santé avec encore plus de virulence que les étrangères. Il sait que ses collègues ont des combines pour arrondir les fins de mois. Lui, il n'a que ses missions en terre pauvre. Quand il arrive au village, on l'invite à manger et on lui offre quelques poulets vivants dont il ne sait que faire. Souvent ils meurent durant le voyage de retour. C'est pour cette raison que sa fourgonnette pue tout le temps. Il néglige de la nettoyer, pensant que l'odeur de la cigarette américaine couvrira celle des fientes des poulets.

Avec le temps il a compris qu'il pouvait vendre ses promesses. Un jour, il demande au caïd de rassembler les hommes du village et leur fait le discours suivant :

« D'après le plan quinquennal préparé par le gouvernement et approuvé par le Parlement, et suivant les directives de Sa Majesté – que Dieu le glorifie et lui assure longue vie –, d'après les prévisions de la Banque mondiale, du FMI et de Hadj Baraka, chef de la lucidité, de la sérénité et de la clairvoyance de jour et de nuit avec ou sans lumière artificielle, selon l'humeur de l'ingénieur en chef du district du Sud-Ouest et surtout selon les fuites que le mokaddem de son quartier nous a communiquées gracieusement, selon les dispositions climatiques, la position des nuages au sud de l'Espagne et surtout au sud de notre pays, dans les provinces sahariennes récupérées grâce à l'aide de Dieu, selon la trajectoire des oiseaux migrateurs et des criquets mauritaniens qui auraient décidé d'annuler cette année leur grande invasion, je peux vous certifier que votre village a été inscrit sur le cahier des projets semi-urgents pour l'électrification et pour la desserte en eau courante et potable.

« Il est aussi en mon pouvoir de vous confirmer que nous commencerons par l'intérieur des maisons. Je sais que c'est une demande qui a été faite par les femmes. Je les comprends. L'intérieur d'abord. Les rues et places publiques attendront. Donc on commencera par l'intérieur des maisons. Nous avons un projet d'installation d'une électricité qu'on peut allumer et éteindre à distance, sans bouger, sans se fatiguer. Avec une télécommande on fait la lumière ou les ténèbres. On peut même moduler l'intensité de l'éclairage. C'est de la magie. Autant passer de l'âge préhistorique au vingt et unième siècle. C'est vrai que le Maroc s'est promis de ne pas entrer dans l'an 2000 en ayant encore des villages non éclairés comme le vôtre. Vous vous imaginez la honte ? Des télévisions viendront du Japon et d'Amérique vous filmer parce que vous représenterez les traces encore visibles de la préhistoire. Donc le Maroc n'abordera l'an 2000 que complètement éclairé. Mais pour la réalisation de ce projet si important, la régie a besoin de votre aide. Cette aide est de deux sortes. Primo : convaincre les réticents (je sais qu'il y en a de moins en moins, même si Moha qui habite dans l'arbre continue de délirer pour empêcher que vous ayez votre part de lumière) ; secundo : mettre la main à la poche pour faire passer votre village du dossier bleu dit "semi-urgent" au dossier rouge dit "urgent", et, si les sommes récoltées sont assez importantes, je ne vous cache pas que nous pourrons brûler les étapes et passer au dossier blanc, celui de l'immédiat, celui du présent qui ne connaît ni retard ni difficultés. À vous de voir. Je reste à votre disposition pour tout renseignement et vous prie cette fois-ci de ne pas m'offrir de poulets. Je ne sais pas les égorger ni les faire cuire. »

" Réfrigérateur, télévision qui n'aura plus besoin de gaz butane pour marcher, lave-vaisselle, lave-linge, machine à coudre..."

Le caïd opina de la tête et apporta son appui en s'adressant lui aussi à l'assemblée :

« Convenez que notre village ne pourra pas rester à l'écart de la civilisation. Nous nous sommes habitués à vivre comme si le progrès ne nous concernait pas. Fini le temps où le monde s'arrête avec la fin de la piste qui mène vers la route goudronnée. Aujourd'hui nous sommes en droit d'exiger notre part dans le progrès dont jouissent les villes. Pour cela, il ne faut pas attendre de passer par l'arc-en-ciel des dossiers. Une seule couleur nous est favorable, celle préférée de nos ancêtres, la couleur blanche. Mais elle vaut cher. Avec mon ami Nour Eddine, nous avons calculé la somme à rassembler : trente-cinq mille dirhams, c'est-à-dire trois millions et demi pour ceux qui comptent en centimes, ou alors cela fait sept cent mille rials. Je sais que cela est beaucoup, mais pour transformer votre vie, notre vie, ce n'est pas beaucoup. »

Nour Eddine prend le micro et se met à citer les bienfaits que l'électricité leur apportera : « Réfrigérateur, télévision qui n'aura plus besoin de gaz butane pour marcher, lave-vaisselle, lave-linge, machine à coudre, chauffage l'hiver, climatiseur l'été, chambres éclairées avec délicatesse, disparition des scorpions, des cafards, des mouches et même de la migraine qui fait tant souffrir les femmes au moment de leurs règles. Tout cela, la lumière vous le garantit à condition que vous y mettiez le prix. »

C'est le même discours que celui de l'année dernière. Il a juste ajouté la migraine. N'empêche que l'année passée il était reparti à Marrakech avec la petite somme de deux cent mille rials qu'il avait dû partager avec le caïd de l'époque. Il prétend que, grâce à cette première somme, le dossier a pas mal avancé.

Tout aurait pu se passer comme d'habitude si les femmes ne s'étaient réunies de leur côté pour mettre les choses au point. Comme par hasard, Moha se joignit à elles et prit la parole en premier :

« Évidemment, il est revenu. Lui, c'est Mour Eddine, c'est le déchet de la religion, petit mec sans importance qui vient exploiter la naïveté des paysans. Mais il oublie que derrière chaque paysan, il y a une femme. Il ne sait pas ce dont les femmes sont capables. Je propose… » La vieille Rahma le fait taire et dit :

– Cela fait la quatrième fois qu'on nous promet l'électricité. Chaque fois nous avons payé. Nous n'avons rien vu venir. Ce sont des voleurs, des escrocs qu'il va falloir traiter comme ils le méritent.

– Ce type, c'est la deuxième fois qu'il vient. Il a l'air gentil, mais lui aussi veut de l'argent, dit Khadija, la faiseuse de pain.

– Alors qu'est-ce qu'on fait ? demande Aïcha, la toute jeune mariée déjà enceinte.

– Oui, dit Kenza la sage-femme, s'il faut payer, on paye, mais comment être sûr que cet argent nous apportera l'électricité? J'en ai assez des accouchements à la bougie.

– Qu'avez-vous besoin de tricinti, dit Moha, vous qui avez tant de lumière dans le cœur, dans l'âme ? Vous ne vous rendez pas compte de votre chance…

– Il ne s'agit pas de ça, dit Rahma. Il s'agit de vol, de corruption, d'escroquerie. Avec ce genre de type nous n'aurons jamais de lumière. Nous devons réagir et soumettre Moul Tricinti aux ténèbres !

– Vous n'allez pas le séquestrer et lui faire des choses ? demande Moha.

– On va seulement s'en occuper, c'est tout. Toi, Moha, tu es chargé de nous l'amener ce soir, après le dîner.

Les hommes dînent sur la terrasse de la maison de Mohamed. Moha fait le service, se partage entre les hommes et les femmes à la cuisine. Au moment du thé, il prend Nour Eddine à part et lui demande de le suivre. Dès qu'il entre, les femmes se mettent à chanter pendant

"Dès qu'il entre, les femmes se mettent à chanter pendant que la plus jeune danse sur la table basse."

que la plus jeune danse sur la table basse. On l'installe entre deux gros coussins et on l'entoure d'encens. Un enfant lui enlève ses chaussures et lui offre un premier verre de thé. Il ne sait pas ce qui lui arrive, mais se sent bien. Un autre enfant lui apporte un plateau de gâteaux au miel. Nour Eddine adore les gâteaux et surtout le miel. Il s'empiffre tout en buvant du thé et regarde le corps gracieux de la jeune fille danser face à lui. Discrètement, il glisse sa main droite sous la djellaba pour calmer les ardeurs de son pénis. Il sait que dans cette région il n'y a de sexualité que dans la légalité. De toute façon on ne parle pas de cela et on n'ose même pas dire que telle fille est belle. Cela, il le sait. Il ne s'imagine pas au lit avec une des femmes d'ici. Elles sont dures et ont la réputation d'être redoutables. Il se tient bien même s'il sent sa tête tourner légèrement. Il a sommeil. Les femmes battent des mains. La musique qui sort d'un gros transistor à piles est assourdissante. Il se bouche les oreilles. Tout tourne autour de lui. Il a mal au ventre. Il se lève, mais tombe. Les femmes éteignent le transistor, ramassent les verres et plateaux puis demandent à Moha d'appeler Si Mohamed.

– Il est à vous à présent. Il est bien cuit, dit Rahma.

– Malheureuse, vous avez exagéré !

– Non, c'est lui qui a trop mangé de gâteaux au miel. Comme tu sais, le maajoune et le miel donnent un mélange détonant. T'en fais pas il se réveillera demain chez le cadi.

– À qui tu le destines ?

– Mais à notre plus vieille fille, celle dont personne ne veut, celle dont la naissance a fait notre malheur, celle élevée comme un garçon, rude et dure, laide et sèche, méchante et malade, celle née l'année de la famine et qui n'a cessé de porter malheur au village, Dawiya-la-folle, celle qui cherche la compagnie des animaux !

– Est-elle au courant ?

– C'est elle qui a fait les gâteaux. Son sac est prêt. Elle partira avec son époux à Marrakech. Quant à l'électricité, nous n'en voulons pas. Qu'ils la gardent pour eux. Elle est ravie de se marier avec un citadin. Ce sera sa fête.

– N'as-tu pas peur pour elle ?

– Non, j'ai peur pour lui !

– Peut-être qu'elle se calmera.

– En tout cas elle n'apportera plus la honte à notre tribu. C'est une bonne occasion pour nous en débarrasser. On marie l'ingénieur et on met fin à ces visites où on nous dépouille.

Nour Eddine dort profondément dans le lit de Mohamed et Rahma. Leur fille Dawiya (Claire) est allongée à ses côtés. Dehors tout le monde est prêt pour la célébration du mariage. On n'attend que le réveil de l'élu. Vers midi, Nour Eddine se réveille avec un léger mal de tête. Dawiya l'entoure de ses bras, l'embrasse et lui dit la phrase qu'elle avait entendue dans un feuilleton égyptien : « As-tu bien dormi, mon chéri ? »

Il n'a pas le temps de réagir ni de réaliser ce qui lui arrive. Les hommes pénètrent dans la chambre suivis de deux *adoules* tenant entre les mains le grand registre des mariages et des divorces. Le père dit :

– Ici nous ne sommes pas au Rif. Là-bas on tue l'homme qui a fait ce que tu as fait. Nous sommes plus cléments : nous t'offrons notre fille selon les lois et règles de notre prophète bien-aimé Sidna Mohamed. Un moment d'égarement. Tu as abusé d'elle, alors tu abuseras d'elle dorénavant dans la légalité. Estime-toi heureux. Tu es arrivé célibataire et tu repars marié ; en cela tu accomplis ton devoir de bon musulman.

– Mais je n'ai rien fait. Je ne la connais pas… C'est un piège.

– N'aggrave pas ton cas. Le constat d'abus de confiance a été établi par douze témoins; ils ont en leur possession le sérouyal taché de sang. Ta parole ne pourra rien contre celle de douze hommes, bons musulmans, hommes de bien.

Dawiya, tout enveloppée dans le drap, pleure. On ne sait pas si ce sont des larmes de joie ou de regret. Les *adoules* demandent la carte nationale de Nour Eddine pour rédiger l'acte de mariage. Il proteste, mais sait que cela ne sert à rien. Il menace. Le caïd lui conseille de ne pas trop s'agiter. Les femmes arrivent avec le thé. Elles chantent et poussent des youyous. Nour Eddine est triste. Il soulève le voile qui cache le visage de la mariée. Il le remet comme s'il avait peur. On lui présente l'acte de mariage qu'il signe. Il remarque une clause en bas de page : « Cette union a été consentie dans le respect de l'islam. La répudiation est interdite. Le divorce ne peut se faire que par consentement mutuel, suivant en cela les recommandations du nouveau Code de statut personnel. »

"Puisse cette union apporter la lumière dans ton cœur, toi qui as cru que l'électricité suffisait au bonheur des gens. À présent tu sauras que la lumière d'Allah est plus belle, plus essentielle que la lumière des hommes !"

A midi, Mohamed égorge un mouton et lance les invitations pour la fête du soir. Tout M'zouda est invité. Dawiya et Nour Eddine sont unis, à la vie, à la mort.

« Puisse cette union apporter la lumière dans ton cœur, toi qui as cru que l'électricité suffisait au bonheur des gens. À présent tu sauras que la lumière d'Allah est plus belle, plus essentielle que la lumière des hommes ! » dit Moha, qui a pitié de ce pauvre fonctionnaire des villes invité à faire l'apprentissage de la patience et de l'amour.

Il demande à Dawiya d'être gentille avec lui.

– Je ne te ferai pas de mal. Je suis fragile. Je ne suis qu'un homme des villes. Tu es mieux préparée que moi pour affronter les difficultés de la vie... tu as la peau tannée par le soleil et les épreuves.

– Arrête ton bavardage. Ma sécheresse n'est qu'une apparence. Au fond je suis heureuse parce que tu ressembles à un âne. Comme tu sais, je ne m'entends qu'avec les animaux. Dorénavant tu t'appelles Nour el Hamir ! Lumière des ânes ! Avec toi je serai du miel...

Là il eut la nausée et dit : « Adieu la vie ; je suis éteint ! »

Dawiya et Nour Eddine n'eurent pas d'enfants. Nour Eddine s'est mis à ressembler à un âne et Dawiya à un vampire. Quant à M'Zouda, il n'eut pas l'électricité. Plus aucun ingénieur ne s'aventura dans la région.

Paris, septembre 1996
Tahar Ben Jelloun

"Nous avons un projet d'installation d'une électricité qu'on peut allumer et éteindre à distance, sans bouger, sans se fatiguer. Avec une télécommande on fait la lumière ou les ténèbres. On peut même moduler l'intensité de l'éclairage."

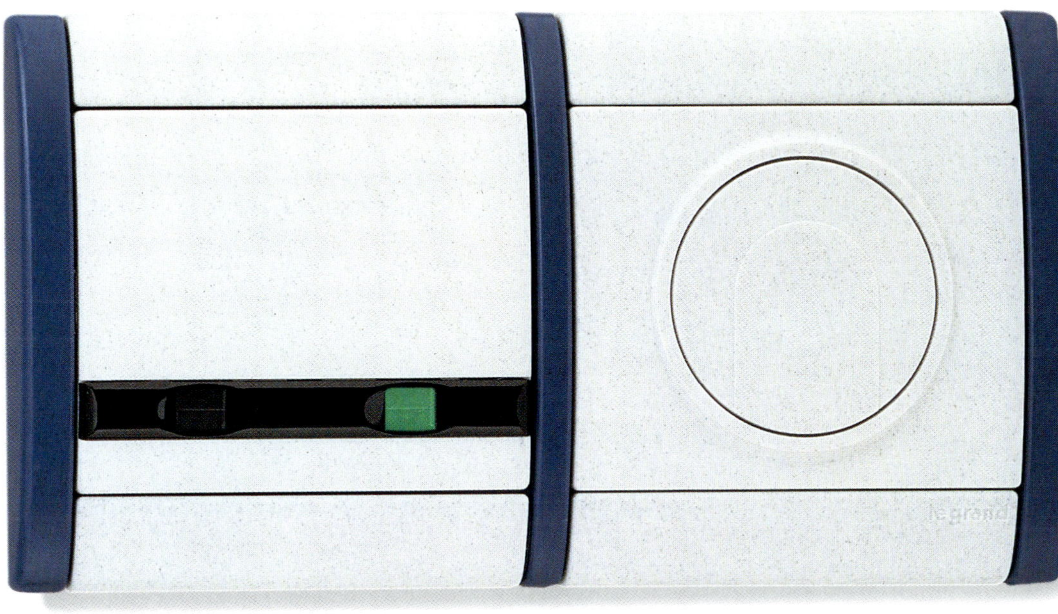

Ensemble interrupteur à voyants et variateur de lumière Legrand, modèle Sagane Silex.

Chronique

Yolaine de la Bigne

Journaliste chouchou des fans de créations en tous genres, des derniers objets à la mode et des tendances aussi bien sociales, culturelles que stylistiques, Yolaine de la Bigne anime sur France-Info, depuis 1991, la rubrique "Quelle époque épique". À travers cette chronique quotidienne, Yolaine de la Bigne exhibe, non sans imagination et personnalité, tous les aspects insolites et innovateurs de notre époque.

Née en 1957, mariée et mère de 2 enfants, Yolaine de la Bigne obtient sa licence d'histoire de l'art en 1978. Journaliste depuis 1980, Yolaine de la Bigne écrit pour de multiples journaux et fait entendre sa voix sur les ondes dès 1983. Au cours des étés 87 et 88 elle anime les matinales de 6h à 9h sur France-Inter. En 1992, c'est la télé qui l'appelle pour animer la rubrique des projets et objets fous d'une "Pêche d'enfer" sur FR3. Puis elle adapte son émission "Quelle époque épique" pour France 2, où elle séduit par son enthousiasme et son côté "branché" dans l'émission "Si ça vous change".

À l'affût des dernières nouveautés, ses titres d'émissions ou de rubriques présentent à eux seuls la journaliste : "Furieusement tendance" sur France-Inter, "Rubriques Bignes" pour Automobiles Classiques, rubrique "Shopping" pour le magazine *Parcours* d'Air Inter, la rubrique « Design » de *VSD* ou encore "La télévision du chômage", émission quotidienne de 3 minutes sur les idées insolites des petits métiers. Rapide et vive, Yolaine de la Bigne fait mouche à chacune de ses rubriques. Un style concis qui ne l'empêche nullement de se lancer dans des projets d'écriture plus lourds : une biographie sur Valtesse de la Bigne, cocotte de la fin du siècle dernier, égérie des peintres pompiers et impressionnistes, et un livre paru en septembre 1996 sur Claudie André-Deshays, première astronaute française à être partie dans l'espace en août 1996.

Bertone, le Design au Courant

CHRONIQUE DE YOLAINE DE LA BIGNE

Le design automobile est l'un des plus significatifs de notre siècle, riche en symbolique et emblématique de notre industrie, puisque la production en série nécessite une organisation particulière de l'entreprise et une évolution importante des mentalités.

Contrairement à d'autres moyens de transport, la voiture ne sert pas seulement à nous acheminer vers un ailleurs, elle est devenue l'objet qu'il faut posséder "quand on est un homme", une métaphore sexuelle qui catalyse la violence et le besoin de domination, qui éblouit les femmes et tue les hommes sur les bords de la route, faisant écrire à l'écrivain américain J. G. Ballard: "Pouvons-nous voir dans l'accident de voiture le présage sinistre d'un mariage de cauchemar entre le sexe et la technologie ? Cette dernière va-t-elle nous fournir des moyens jusqu'ici inimaginables d'explorer notre propre psycho-pathologie ?"

Pourtant, l'automobile qui a traversé ces années 50-80 à belle allure est aujourd'hui remise en question, notamment dans les villes, par les adeptes du vélo et des transports en commun. Dépassés par l'emprise de l'automobile urbaine, les citadins la perçoivent désormais comme une agression quotidienne dans une époque qui revendique des valeurs dites "féminines", retour au naturel, pacifisme, tolérance, sécurité, douceur, etc.

Malgré tout, le design de la voiture continue de fasciner, et que deviendraient les conversations de bistrot s'il n'y avait pas, régulièrement, de nouvelles carrosseries à admirer ? Car l'évolution de l'esthétique automobile est fulgurante.

Jusque dans les années 30, la plupart des modèles gardent une forme hippomobile et ressemblent à des fiacres dont le luxe rappelle les paquebots des croisières au long cours, avec des bouchons de radiateur en cristal taillés par Lalique et des malles fabriquées sur mesure par Hermès ou Vuitton. Les premières voitures de sport apparaissent en même temps que l'aviation et, en 1921, un certain Giovanni Bertone, réparateur de voitures à chevaux et carrossier de roulottes pour marchands ambulants, fait vrombir les foules d'admiration avec les Spa, mais surtout la fameuse Fiat "501" Sport qui consacre son style.

1954, Bertone, dit "Nuccio", qui a débuté comme apprenti chez son père, fait sensation en signant la robe de la "petite" Alfa Roméo Giulietta Sprint.

Avec elle, Bertone devient une figure emblématique de ce Turin que l'on surnomme "le petit Paris", avec ses larges avenues bordées d'arcades et ses places majestueuses. Ville réputée dans le monde entier pour son saint suaire, qui fut volé aux Français d'une manière bien peu catholique: ces derniers l'apportèrent en 1578 à San Carlo Borromeo qui voulait l'adorer afin de "sauver Milan de la peste", mais n'avait plus l'âge de se déplacer. Pieuse intention mais perfide manœuvre car le saint suaire ne reprit jamais le chemin de Chambéry, malgré les batailles et les conflits qui suivirent pour le récupérer. Pourtant, le beau visage de cet homme mystérieusement imprimé sur la toile ne fut pas l'unique raison d'attirer les foules dans cette riche cité auréolée du prestige des rois de Savoie. Les mathématiciens contribuèrent à sa réputation, notamment Avogadro qui énonça en 1811 la loi de la constitution moléculaire des gaz. Spécialisée dans la fabrication des armes, Turin est la ville de l'organisation, de la technologie, du futur, où se crée en 1852 la première école polytechnique italienne et qui deviendra, en toute logique, la capitale de l'automobile.

Dans ces folles années 20-30, l'industrie automobile prend un virage important: les voitures destinées à tous, et plus seulement à quelques milliardaires en mal de sensations fortes, vont entrer dans la course, symbolisant la société de consommation qui se développe à grande vitesse. Les progrès techniques se succèdent, les formes s'aérodynamisent, les carrosseries tout acier se peignent par série de couleurs... Le design automobile s'organise, soit dans des centres de style intégrés dans les entreprises et soumis à des règles commerciales de productivité, comme chez General Motors aux États-Unis, soit chez des designers indépendants, souvent issus de la carrosserie hippomobile, qui perpétuent une tradition artisanale et conçoivent souvent des modèles d'exception ou d'avant-garde. Loin du "prêt-à-rouler", ces ascètes de la "haute carrosserie" continueront tout au long du siècle de représenter pour les constructeurs un moyen de renouveler les formes, d'aller plus en avant dans l'émotion. Bertone est un de ceux-là mais il est le premier de ces designers indépendants à se tourner vers l'industrialisation et la chaîne de montage, tout en restant fidèle à l'état d'esprit des artisans. C'est là que se situe le paradoxe de ce métier: allier les canons esthétiques du "bel ouvrage" et les contraintes d'une production industrielle qui évolue sur les chapeaux de roues. C'est là aussi que l'automobile incarne l'histoire pour mieux la raconter : la Jeep n'aurait jamais existé sans la guerre et les voitures de faible cylindrée à l'aérodynamisme très élaboré sont nées de la crise du pétrole de 1973. Après la guerre, l'Europe, qui s'est laissé doubler par les États-Unis devenus maîtres de la voiture populaire, embraye avec deux grands succès: la deux-chevaux Citroën et la Volkswagen. Mais le rêve continue de rouler et, en 1954, Bertone, dit "Nuccio", qui a débuté comme apprenti chez son père, fait sensation en signant la robe de la "petite" Alfa Roméo Giulietta Sprint que la firme présente au salon de Turin.

Bertone dessine maintenant des bouteilles, des aspirateurs, des lampes et des interrupteurs ...

Alors que la grande aventure spatiale prend son envol, de belles soucoupes volantes envahissent les routes et nous offrent des visions fantasmatiques d'un avenir facile, placé sous le signe de la vitesse. Les carrossiers italiens sont à la mode et leurs bolides rouges font rugir leur moteur dans le monde entier.

Parmi les aficionados, un certain Lamborghini, constructeur de tracteurs, s'amuse à sillonner les routes d'Italie dans de magnifiques Ferrari. Il collectionne les voitures, les gueuletons et... les femmes ! Régulièrement, il file à 200 kilomètres à l'heure chez Enzo Ferrari pour lui faire part de ses critiques, d'une boîte dont les vitesses accrochent, de freins qui bloquent et autres faiblesses. Un jour d'humeur ténébreuse, ce dernier, excédé, lui rétorque qu'il n'a qu'à se taire, lui qui ne sait construire que des tracteurs et qui ne connaît que la "merda di vacca" ! Terriblement vexé, Lamborghini ne lui adressera plus jamais la parole et décide de fabriquer lui-même ses voitures. En quelques mois, il conçoit et produit un châssis équipé d'un moteur V12 en position transversale. Il lance alors un appel d'offres auprès des grands carrossiers, auquel Bertone ne répond pas; cela suffit à décider les deux hommes à travailler ensemble et au salon de Genève de 1966, le monde découvre la fabuleuse Lamborghini P400 Miura qui d'entrée de jeu devient une légende roulante.

Bien entendu, Bertone a travaillé avec les marques les plus prestigieuses, celles qui se sont forgé leur gloire sur les circuits. Mais par la magie du dessin et une passion indescriptible, il aura contribué à fabriquer l'histoire des Lamborghini. Après la Miura, viendra la Marzal, puis l'Espada, la Jarama, l'Urraco et la monstrueuse Countach. Tous ces prénoms d'une écurie de pur-sang dont pas un seul n'aura participé à la moindre course !...

Peu après que Bertone eut dessiné la Giulietta Sprint, Legrand proposait la série Chambord.

BERTONE

BERTONE

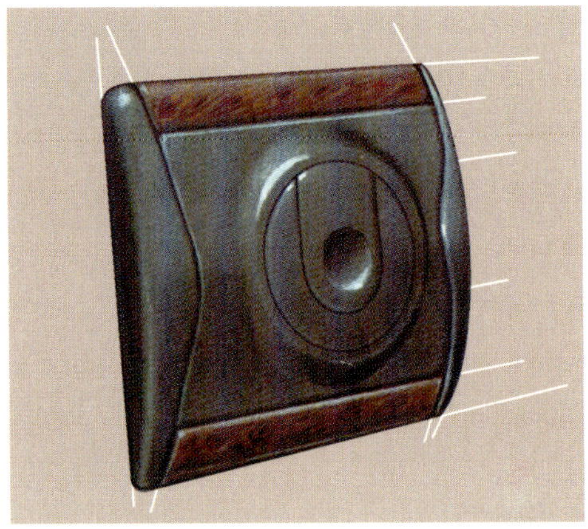

La légende Bertone est née, belle rencontre entre le raffinement d'autrefois et l'audace d'aujourd'hui. Nuccio, celui que l'on surnomme un peu partout dans le monde "Maestro", travaille comme un maître de la Renaissance, partageant chacune de ses émotions avec ses élèves. Élèves qu'il ne recrute jamais dans une école, mais au hasard d'une rencontre, car, selon lui, celui qui a du génie perdra son talent et sa spontanéité après quelques années d'enseignement scolaire et didactique. Bertone veut s'entourer de créatifs "purs", libres, dont la personnalité s'épanouira dans ses bureaux de design. Des bureaux de design qui se situent à côté de l'usine dans le centre de Turin, jusque dans les années 60, et qu'il va installer ensuite dans le val de Susa, au pied des Alpes, sous un ciel bleu aux nuages tourmentés qui rappelle un tableau de Michel-Ange. Un site superbe pour laisser les imaginations prendre leur envol car le style Bertone sera toujours celui de l'innovation futuriste, avec cette capacité unique à saisir les vents du changement que l'automobile aura véhiculé tout au long de ce siècle.

Son bruit, sa couleur et sa forme vont s'intégrer à notre décor quotidien.

Mais les voitures de sport et les fantasmes de puissance devront se mettre au pas des dures réalités économiques, choc pétrolier, essence de plus en plus chère, engorgement des villes… Les années 80 avec le bio-design voient arriver des véhicules aux formes plus douces et plus pleines, dont les innovations technologiques se préoccupent essentiellement d'économie et de sécurité.

Aujourd'hui, soixante-dix Fiat Punto et cinquante Opel Vectra, en version cabriolet, partent chaque jour des usines Bertone vers le monde entier. Car, signe des temps, le cabriolet est à la mode, obéissant toujours au même souci de perfection, avec près de deux mille pièces composant chaque carrosserie et une exigence au micron près. Après deux années de recherche et quelque trois cents millions de francs d'investissements, on vient d'inaugurer une usine de peinture ultra-moderne, qui n'utilise plus de solvant mais de l'eau, afin de mieux respecter les conditions écologiques.

Bertone s'est diversifié et dessine maintenant des bouteilles, des aspirateurs ou des lampes, mais toujours avec la même philosophie : pas de compromission, uniquement de la passion ! Jamais il n'acceptera une commande pour une simple raison financière, mais seulement parce que le pari l'intéresse. Créer des interrupteurs pour la société Legrand lui a semblé une idée lumineuse : le design d'une voiture avec un flanc que l'on caresse, la poignée de portière que l'on saisit, le bruit de la boîte à gants qui se referme ou le tableau de bord dont on effleure les commandes sont autant de similitudes avec l'interrupteur, son toucher agréable et doux, son bruit, sa couleur et sa forme qui vont intégrer notre décor quotidien. L'habitacle d'une automobile est un espace mesuré pour ses occupants et l'ergonomie y règne en maître. Le chef designer chargé du projet Legrand n'était autre qu' Eugenio Pagliano, auteur de la voiture électrique qui a battu le record du monde de vitesse en mai 1995 avec 303 kilomètres à l'heure et ce n'est qu'un début. Aller de l'avant, toujours plus loin, dans un époque qui va toujours plus vite, c'est comme ça chez Bertone, ça vous étonne ?

Yolaine de la Bigne

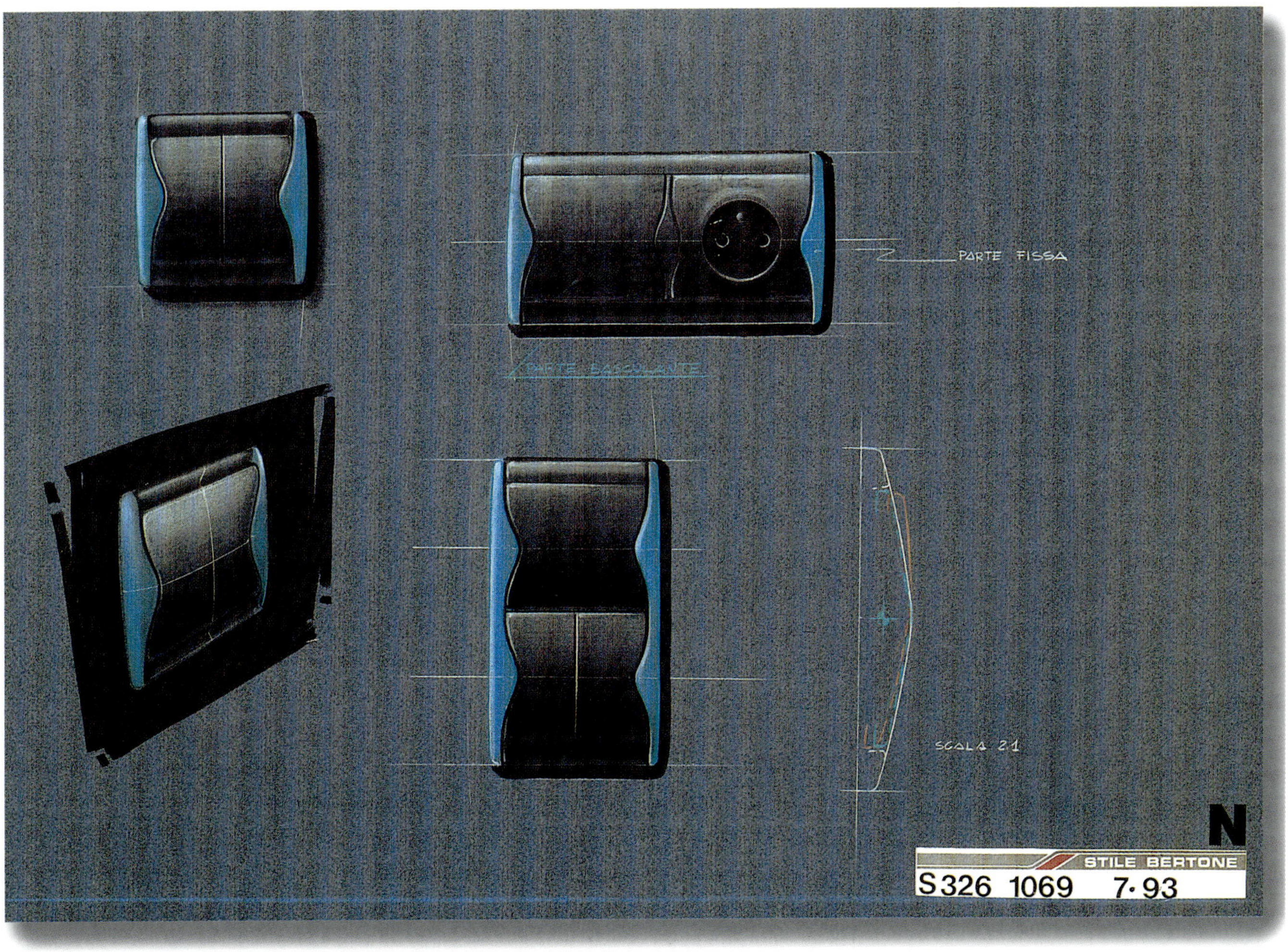

Quand les designers Legrand collaborent avec Bertone... Sagane se dévoile.

Afin de mieux coller aux réalités françaises, la société Legrand a fait appel au coloriste Vincent Grégoire, du bureau de style Nelly Rodi. Parce que l'air du temps n'est plus à la folie mais à la douceur, que le consommateur a besoin de tendresse et de sécurité, les couleurs choisies sont douces, jaune paille, bleu jean, vert jade, rouge laque de Chine; et les matériaux, agréables au toucher : bois, aluminium, avec un aspect soyeux et satiné. Changer le regard sans le brusquer, faire évoluer les habitudes sans les bouleverser...

Il faut que la "ménagère" achète ses interrupteurs comme elle choisit avec délectation ses rideaux ou son papier peint. Ce détail que l'on touche des dizaines de fois dans la soirée sans y prendre garde et qui peut donner dans la journée une petite note de charme à une pièce mérite bien que l'on s'y attarde : la lumière devait être faite sur ce point sombre de la décoration !

Grande dame de la mode et des tendances culturelles, Nelly Rodi crée son agence de style en 1985. Objectif ? Mettre en place une veille créative et sociologique à destination des industriels comme des professionnels de la mode, des cosmétiques ou de la décoration. Cela pour les aider à élaborer les formes, les matériaux, les couleurs et l'habillage des produits de demain.

Pour en voir de toutes les couleurs !

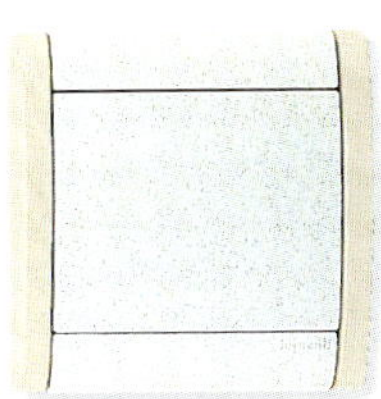

Silex sable

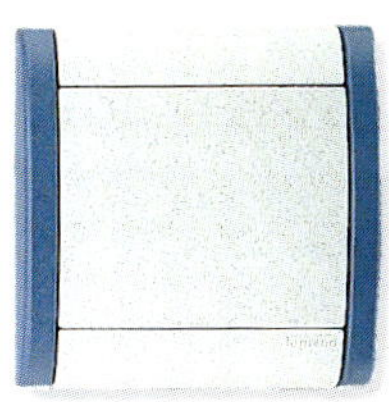

Silex jean

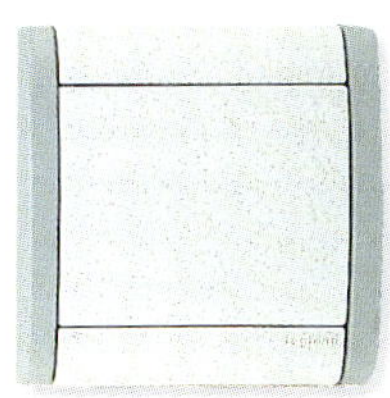

Silex cendre

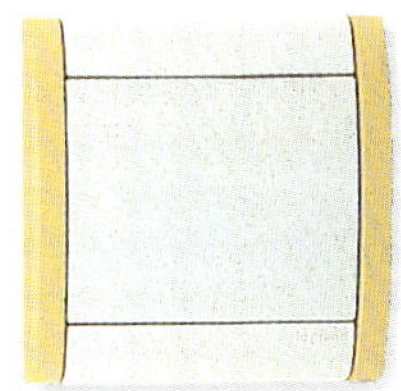

Silex miel

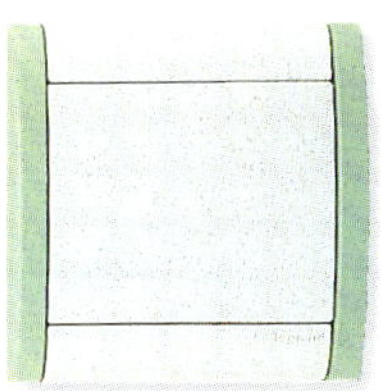

Silex céladon

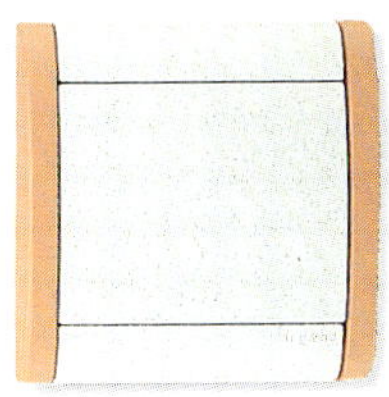

Silex terracota

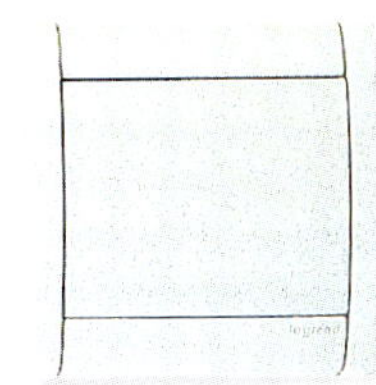

Silex nature

Opalis

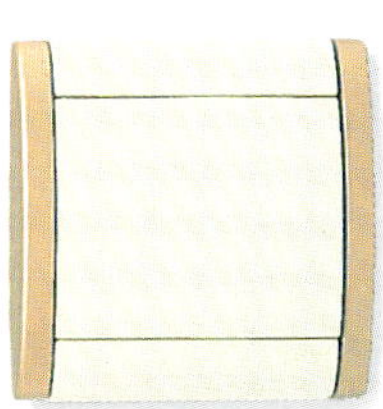

Beluga cuivre

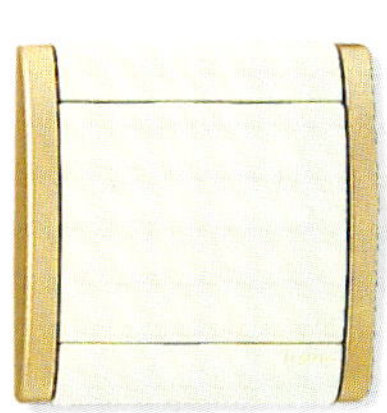

Beluga or

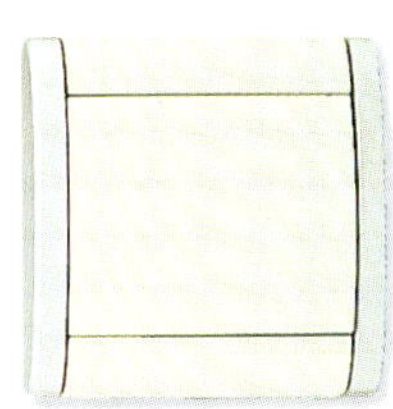

Beluga argent

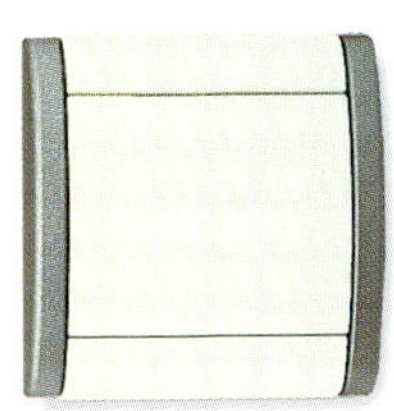

Beluga bronze

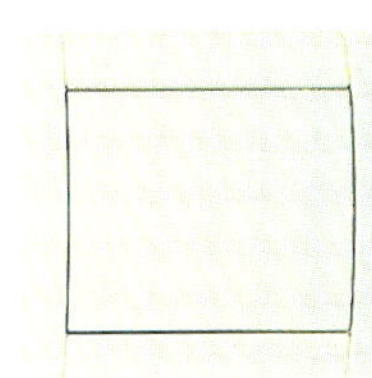

Beluga classic

Xelio laqué bleu

Xelio laqué jaune

Xelio laqué rouge

Xelio laqué vert

Xelio laqué noir

Xelio palissandre

Xelio merisier

Xelio chrome

Xelio or

Crédits photographiques

P. 6 : © Photonica/Stock Image
P. 17 : © Photonica/Stock Image
P. 18 : © Roger Viollet
P. 21 : © Le Nain/Lauros-Giraudon
P. 22 : © Photonica/Stock Image
P. 25 : © Keystone
P. 27 : © Roger Viollet
P. 30 : © Gaillard/Jerrican
P. 32 : © D. O'Clair/Fotogram Stone
P. 32 : © C. Tatcher/Fotogram Stone
P. 35 : © C. Kempf/Fotogram Stone
P. 37 : © P. Bernis
P. 40 : © CNAM/Jean-Loup Charmet
P. 43 : © La Dame à la licorne/Cluny/Giraudon
P. 44 : © T. Hutchings/Fotogram Stone
P. 47 : © J. Caillaut/Stock Image production
P. 50 : © Edimedia
P. 52 : © Goya, Scène de Sorcellerie/Giraudon
P. 57 : © N. Dolding/Fotogram Stone
P. 58 : © Labat-Lanceau/Jerrican
P. 59 : © Gaillard/Jerrican
P. 62 : © H. Kaiser/Cosmos
P. 64 : © Vincent/Stills
P. 66 : © Craig Aurness/Westlight/Cosmos
P. 68 : © Craig Aurness/Westlight/Cosmos
P. 73 : © D. Pearson/Fotogram Stone
P. 76 : © P. Renault/Gamma
P. 81 : © L. Van der Stockt/Gamma
P. 83 : © R. Wells/Fotogram Stone
P. 84 : © D. Vo-Trung/Cosmos
P. 85 : © Le Scour/Jerrican
P. 88 : © Keystone
P. 91 : © L. Dutton/Fotogram Stone
P. 93 : © S. Marks/Image Bank
P. 94 : © F. Gonin/Fotogram Stone
P. 96 : © Magrean/Jerrican
P. 97 : © J. Edelstein/Katz/Cosmos
P100 : © G. Buthaud/Cosmos
P.103 : © J. Joffre/Explorer
P.105 : © G. Buthaud/Cosmos
P. 107 : © Age Fotostock/Cosmos
Photos produits Legrand : Philippe Jumin

Conception éditoriale : **Talents et Compagnie**
Conception graphique et réalisation : **Image Force**
Iconographie : **Catherine Le Gallou**

Imprimé en Italie par
G. Canale & C. S.p.A. - Borgaro T.se - Turin
Dépôt légal : novembre 1996
N° d'édition : 6520
54-40-4701-01/6
ISBN : 2-234-04701-3